U0897177

我准备好了，变老也没关系

[日]
上野千鹤子——著　张慧——译

湖南文艺出版社

图书在版编目（CIP）数据

我准备好了，变老也没关系 /（日）上野千鹤子著；张慧译. —长沙：湖南文艺出版社，2024.6
ISBN 978-7-5726-1727-0

Ⅰ. ①我… Ⅱ. ①上… ②张… Ⅲ. ①女性－老年人－生活方式 Ⅳ. ① C913.6

中国国家版本馆 CIP 数据核字（2024）第 073380 号

Original Japanese title: OIRUJUNBI
Copyright @ 2008 Chizuko Ueno
Original Japanese edition published by Asahi Shimbun Publications Inc.
Simplified Chinese translation rights arranged with Asahi Shimbun Publications Inc. through The English Agency (Japan) Ltd. and CA-LINK International LLC

著作权合同登记号：图字 18-2023-084

我准备好了，变老也没关系
WO ZHUNBEI HAOLE, BIANLAO YE MEI GUANXI

著　　者：[日] 上野千鹤子
译　　者：张　慧
出 版 人：陈新文
监　　制：谭菁菁
责任编辑：吕苗莉　李　颖
策　　划：李　颖
特约编辑：李　颖　黎添禹
营销编辑：汤　屹
封面设计：尚燕平
内文设计：刘佳灿

出版发行：湖南文艺出版社
（长沙市雨花区东二环一段 508 号　邮编：410014）
网　　址：www. hnwy. net
印　　刷：湖南省众鑫印务有限公司
经　　销：湖南省新华书店
开　　本：787mm × 1092mm　1/32
字　　数：125 千字
印　　张：8. 5
版　　次：2024 年 6 月第 1 版
印　　次：2024 年 6 月第 1 次印刷
书　　号：ISBN 978-7-5726-1727-0
定　　价：54. 00 元

前言
越过巅峰

I'm peaked.——英文中有这样一句话，即使当初我头一次听闻这样的表述，对其中的意味也瞬时心领神会，然而顿悟后一丝苦涩却涌上心头。

peak 表示的是山顶、最高点，用作动词意味着到达顶峰，当变成过去分词 peaked 时，辞典解释为“憔悴”。我个人认为，其实完全可以就按照字面意思，将其理解为“越过巅峰”，如此便可生动地传达出事物由盛转衰的含义。

我已经年过半百。五十岁生日到来之时我曾感慨万千，这种不同寻常的感受，在此前任何一个生日都未曾有过。倒不是因为突发了什么特别的事件，只是对我而言，人生经历了半个世纪，生命活过了五十年，这个事实本身就堪称一个“特别事件”。

时间的流逝没有显见的节点，我自己也并没有出现特别变化的分水岭。但是，人并不会因为年岁的增长而必然生成相应的心境，就算没有变得成熟，年龄依然会与岁徒增。我没有孩子，因此无法通过家人的某个事件来在自己的人生中留下印迹，比如别人能轻易说出的“那是小宝上小学时的事情了”，这样的人生节点我无从体验。人生中的每一个时刻，就只是一个途经的点，我像一个旅人，匆匆而过。因此，尽管周围景色纷繁变换，我也不曾有过已经抵达了某个地方的感受。二十岁时，只是想象三十多岁的人们会过着怎样的生活，就足以让自己感到晕眩，因为那超出了我的想象。如今，我早已越过了二十望三十的晕眩，并且又多活了近一倍的光阴，但即便这个岁数，我也远远没有做到“活明白了”。

我此时的心境，恰好被“I'm peaked”一语完美地诠释出来。如果把五十岁算作人生巅峰，那么我在不知不觉间已经越过了这个顶峰。毋庸置疑，从此以后展现在我眼前的就是下坡路了。当我二三十岁时，尚可以肆意挥霍时间和精力，彼时彼刻是难以想象此情此景的。现如今回头来看，当年无论是对自己，还是对他人，我都太过于 abuse。abuse 一词，本意是从 use 发展而来，表示“过度使用”“滥用”，引申为“虐待”，时常在 child abuse 之类的场合表达虐待儿童之意。

“我的人生已过山巅（峠）[1]。”——这就是“I'm peaked”

1　原文中使用的是日语中的“峠”，表示翻越山峰时从上山路转入下山路的关口，相当于我们所说的山口、垭口。

投射在我此刻心境的释义。

“峠”在日语中是一个意蕴深刻的词语。在戏剧和电影中，“峠”是用来分隔故乡与他乡的界线。美国西部片中，英雄扬鞭策马，隐没在荒野尽头的天际线。日本古装剧中，亡命之徒木枯纹次郎翻过山头远走他乡。中里介山的《大菩萨峠》(角川文库、一九五五年)中的情景亦是如此。经典的水户黄门[1]的系列电视剧中，最后的告别也总是在山口或河滩。文化人类学者米山俊直用“小盆地宇宙”一词来描绘日本村落社会的经典样式，如果要离开这样的“小宇宙”去外面的世界，无非就是两个途径，要么是跨越山口，要么就是顺流而下。

“峠”还可以用来表示事物的鼎盛时期或是极限状态。用来描述病情，表示病情度过了最凶险的时期。用来描述一个项目，指项目完成了最关键的阶段。如果用来描述一种人生的状态，当然就意味着经历了人生中最辉煌的时期。

登山出发时，我们总是在爬坡。陡峭的山坡挡在面前，我们只能看到近在咫尺的风景。年轻时我爱爬山，对此深有体会。有一次，我正在陡峭的登山道上，顺着前行者洒在路上的汗水印迹埋头往前追赶。同行的一位前辈提醒我说道：“停下脚步，看看周围的景色吧。我们走在多么美丽的地

1　日本民间流传很广的“水户黄门”故事，内容是江户时期的水户藩藩主德川光国“微服出访”的故事。

方呀！”

登山时无暇欣赏周围风景，人生旅途上坡路段时心无旁骛，这两种情形何其相似。奋力向上时可以不顾形象，想怎么攀爬就怎么攀爬。可是，下山其实比上山更难。

不过，越过山巅，你将会看到不一样的风景，那是从未见过的全新风景。上山时，步步向上，视野的确会逐渐宽广起来。然而，下山时的遇见同样会让你感叹，“哇，这是怎样的风景啊！”眼前呈现出从未见过的景色，那样的惊喜会让人感慨，自己活到现在是否正是为了看到它。英语中还有一个说法叫作“change scenes”，这也让我颇有感触。曾经有多少次，仅仅是为了“想换个风景”，就做出了鲁莽的决定。

所谓中年，就是这种越过巅峰后的感觉。开始衡量剩余的时间和精力，思考自己还能做些什么。切身地感受到自身的局限，意识到自己已经不再如过去那样跑得快、跳得远。当初的那个自己渐渐地变得陌生，开始遇见一个未知的自己。

话说回来，所谓“中年”，是一个令人尴尬的年龄阶段。我曾经这样描写“中年”，“并没有什么特别想要做的事。回想来时路太过平庸，谈不上有所成就；遥念未来亦不可期，已错过最好的年华。”（《午夜来电》，朝日新闻社、一九九〇年 / 朝日文库、一九九三年）虽然那篇文章描写的是穷途末路的中年男人，但其处境当然也完全适用于中年女性。

并不是每一个人都能活到平均预期寿命。但是如果一过五十岁，就被别人说还有三十年就到达平均寿命了，却还是让人感到不适。正如我这五十年并不是按照某种被规划好的方式一样，生与死的到访也没有定数之说。忙忙碌碌中，开始接到同龄人的讣告。如今我也进入了“葬礼同窗会”的年纪，间或会收到某某好友“患上致命疾病”的消息。我的一位朋友在被宣告癌症晚期后奇迹般地存活了一年多。她在信中告诉我，她现在每天都会把喜欢的事情放在第一位。她说：“按照余生只有半年来生活就是最好的活法。”这句话，不由得让我在人生旅途上驻足沉思：如果换作是我，会怎么样呢？

我听说过一个“余生半年”的测试，这是一项评估当下的生活质量的测试。问题设定在自己被告知此生还有半年时间时，你会对现在的生活做出什么选择。是选择“继续现在的生活”，还是“不再继续现在的生活”？对此，我的答案是“立刻改变现在的生活”。这样看来，我当前的生活质量相当不乐观。

我开始思考这些问题，或许也是因为已经“越过巅峰”。我打算不再抗拒重力（衰老），让自己从山顶顺势下来（迎接老年）。无论多大年纪，人总是一直在变化。而且，活了半个世纪的我认识到，接下来将会出现在眼前的每一幕都将是我未曾领略过的风景。本书就是不断展现在我眼前的、一幅一幅新风景的合集。

目录

第一章

步入老学的时代

步入向老学的时代

逐渐老去

“向老学”是一门新兴的学问，1999 年由高桥真澄（マスミ的音译）发起成立的首个学术协会标志着这门学问的诞生。高桥女士是我的一位老朋友，担任非营利组织“WIN 女性计划”负责人，在女性主义的圈子里名声很大，影响力也很大。承蒙她的邀请，我担任了该学会的理事。我之所以受邀出任，一方面是高桥女士与我其他几位老朋友如樋口惠子、水田宗子一样，都是非常出色的女性，只要她们开口我自然无法拒绝。另一个更重要的缘由是，我本人非常赞同向老学的宗旨。

首先，这个名字很好。在此之前，学界普遍使用“老年学”一说，从未有“向老学”的说法。在日语中，甚至本没有“向老学”这个词，应该是由高桥真澄首创的。在向老学学会的成立宗旨中这样解释道：“向老学认为，人的一生都是走向老年的过程。”自呱呱坠地来到这个世界，我们每一个生命都在朝向老年迈进。因此，所有年龄段的人都是向老学的研究对象，也都有资格成为向老学研究的参与者。每个人自出生起就可以成为向老学学会的成员。

关于向老学与老年学的区别，以及高桥女士是何时萌生创立向老学的想法，她在一篇随笔中有所透露。1980 年，当时年仅 37 岁的高桥在飞往英国的航班上萌生了这个念头。四分之一个世纪后，高桥创立了学会，当初的想法终于得以实现。

回首往昔，我恰好也是在近 20 年前的 1986 年编著出版了《老的范式》（岩波出版株式会社）一书。书中的一篇论文题为《老年问题与老后问题之间的差距》，写作时我 38 岁，与彼时的高桥在年龄上相差无几。两位 30 多岁的女性不约而同地关注起衰老问题，这挺不寻常。

30 多岁的高桥为什么会对衰老问题感兴趣，我并不了解老去的女作家，是否有可能把自己的体验真实地描述出来。

曾经有这样一位作家，有可能以文学的语言来书写下女性的衰老体验，我对她满怀希冀。这就是森瑶子女士，她本可以记录下一个女人衰老的经历，却不幸罹患癌症，在52岁的年纪令人遗憾地离世。而现在我的年龄，已经超过她的终岁。

《四十岁开始的衰老探索》[1]（三省堂，1990年）一书中收录了我们俩早年间的对谈，彼时森瑶子女士年近半百，而我刚四十出头。我问她是否愿意与我就“白秋”文学的话题进行探讨，她回绝了我的请求，说：“我对北原白秋[2]一无所知。”其实，她所说的“白秋”和我意指的“白秋”并不是一回事。

一年有四季——青春、朱夏、白秋和玄冬。我的本意并不是想谈北原白秋的青春文学，而是想请她谈一谈关于人生之秋的白秋文学。在我看来，女性作家中没有人比当时的森瑶子女士更适合谈论这一主题了。

如今，街头巷尾充斥着所谓青春文学，但关于人生之朱夏、人生之玄冬的文学作品却并不多见。特别是，描述即将迎来白秋阶段的女性感受的文学作品就更为罕见。屈指可数

1　译注：中译本《高龄化社会——四十岁开始探讨老年》，辽宁大学出版社，1991年。

2　译注：这里的“白秋”指北原白秋，是日本跨明治、大正、昭和时期的著名诗人、歌人。

的也只有圆地文子女士，她曾描写过老年女性的性。除此之外，这个主题就再没有什么别的作品了。宇野千代女士作品中所描写的女性多是无论多大年纪都想要恋爱的“恋爱脑”，但这种跨越年龄的内容并不是我所关注的话题。最近有大庭美奈子（ミナコ的音译）女士描述自己中风后经历的相关作品，但也仅此而已。看来，围绕着“女性与衰老”的文学表达的课题有待今后的解决。

不同于青春文学，“朱夏文学”描述的是如夏季般灿烂盛开的人生阶段。森瑶子女士就是一位以“朱夏文学”登上文坛的作家。1978 年她以《情事》（集英社文库，1982 年）一书一举斩获昴文学奖[1]，时年三十七岁。那时的她已有丈夫和孩子，不再年轻。在《情事》的开头，她以非常直接的笔触写道，“夏天，就要结束了”。我曾期望森女士在青春与自己渐行渐远的过程中，将心中痛彻的感受记录下来，完成一部“白秋文学”的作品。当时她作品中的主人公已经有惧怕老去的情绪与表现。

我和森女士的对谈虽然终于实现，但却以两人相背而驰的方式无果而终。

对谈中，她表示还会继续在一线奋战，对我的想法并不积极。后来当自己活到她那时的年纪，我也体会到她话中的含义。在我们对谈的三年后，森女士去世了。或许对她而言，这

1　译注：昴文学奖是由集英社主办的纯文学的新人作品奖项。

样的离世是一种幸福，让她得以避免面对自己的逐渐老去。

所以，老年问题与老后问题是两个截然不同的领域。一个是将老年人作为研究的客体来对待，而另一个则是从主体的经验出发来研究老年后问题。如果把研究老年人问题的学问称为老年学的话，那么另一类学问则是研究老年后问题的，不，不是将老年后视为一个问题，而是以一种积极的姿态来理解老年后的体验。因此，把这门学问命名为向老学，是一个多么明智的创见啊！

从老年学到向老学的转变，可以称得上是一次学术范式的转变。所谓范式转变是指人们思考问题的框架发生了根本的改变。这一转变与女性学的范式转变有着极大的相似性。

以女性为主题的学问在发展过程中，也曾经经历过从“妇女问题”向“女性学”这样的范式转变。起初，“妇女问题”转换为“作为问题的妇女”，女性作为研究的客体而被探讨。后来，女性作为主体来讲述自己的经历体验。也就是说，研究范式从“讲述女性”发展到“女性讲述”。因此，扛起向老学大旗的人出自女性学的研究者，也并没有什么稀奇。

希望老年学和向老学二者能继续保持这样的区别。虽然我希望今后或许会登上学术殿堂的向老学所进行的研究是区别于老年学的一种路径，但是老年学的研究路径其实是非常丰富的。比较老年学便是其中之一。该领域的专家片多顺提出以下问题：“从历史来看，老年人是从什么时候开始被当作麻烦或负担的呢？”答案是“自近代工业社会以来”。

那么，老年人的地位在怎样的社会里比较高？又是在怎样的社会中比较低呢？片多举出了以下八条指标。

第一，老年人在社会中的地位高低与现代化的程度成反比。

第二，老年人在人口中的比例越低，他们的地位就越高。

第三，老年人的地位与社会变化的速度成反比。也就是说，越是发展停滞的社会，老年人的地位越高；而在快速激变的社会，情况就恰恰相反。例如在IT社会，是否拥有IT知识成为人们代际的分别。这一分别也被称作数字鸿沟，用来指代如今年过五十的这一代人所面临的困境。无法跟上技术革新脚步的老年人被时代抛下。

第四，在人口不流动的社会中，老年人的地位高，在流动性高的社会中，老年人的地位低。

第五，越是在缺少文字的社会中，老年人的地位越高。这一指标在现代社会中不适用。

第六，越是在大家庭中，老年人地位越高。在现代社会中这一指标同样不适用。

第七，个人主义越发展，老年人地位越低。

第八，在拥有财产的情况下，老年人地位较高。这一点我也认同。最近，我还发现有的老人将财产赠与作为手段，让子女来通过竞争来承担照顾自己的任务。当然，这样的做法只限于拥有财产的老年人。

以上的命题从学术上证明，作为一种历史发展的趋势，老人被视为麻烦这一认识是不争的事实。

比较老年学是文化人类学的一个分野，采用跨文化的方式来比较研究不同的社会。著名的日本文化论学者本尼迪克特将日美两国从文化方面进行比较，在《菊与刀》一书中描述了日本老年人的地位。

她对比了日美两国的人的一生。她用反映生活的曲线来描述人的一生，横轴表示人的年龄，纵轴表示人的自由度。美国和日本的生活曲线的形态完全相反。美国人的一生呈现出两端较低的山形曲线，而日本人的生活曲线则呈现出相反的谷形形态。

这说明，在美国，人的自由度会随着个人的责任能力水平的提高而提高，因此，孩童与老人随着他们责任能力水平的降低，其自由度也会降低。与此相反，在日本，一般认为孩童和老人是自由的，这里所说的自由其实是指他们无须承担社会责任的自由。日本有句谚语称“七岁之前是神灵”，正如这句谚语所说，孩童时期任何行为都是被允许的。反过来，随着年纪的增长，人会再次变回神灵。“还历”一词的意思就是岁月转了整整一轮，回到了出生那年的干支年历。人们取十天干与十二地支的最小公倍数，以 60 年为一轮，认为人活到六十岁就是回到了本初的状态，返老还童，故称还历。还历之年会穿红色的衣物，据说也是象征着回到婴儿的阶段。在人生的初始和终结这两极，离开了社会规范，在日本文化中，老人与孩童位于神灵之列，所以，任何言行都是可以得到谅解的。在这两极之间的阶段就是成年期，成年人背负着社会的责任，个人的自由度便出现了下降。日本的孩子都说不愿意长大，不愿做成年人，或许就是因为成年人的人生让人感觉毫无兴致。

在老人地位较高的社会中存在着一种有趣的现象，在风俗中也存在着以老年人为尊的倾向。例如，欧洲的法官或是学者直到今日依然保留有戴白色羊毛卷假发的习俗。在青年莫扎特的肖像画中我们也能看到头顶着相同的假发形象的莫扎特。这恰恰反映出年轻人模仿满头白发的风俗。那时的白发是智慧与权威的象征。

与此相对，日本也有一个可以称冠世界的奇特风俗，就是武士的“月代头”。这种发型是将头顶中间的头发剃光，形成一块类似月亮的“月代”，再将月代周围的头发束成一个发髻。如果不剃除顶发，并将额头上方的头发垂下的，就是“若众”，即少年。因此少年只有在成人礼上将垂下的额发剃光才会被视为成年人。

与清朝人的发辫一样，这种武士的月代头同样让人感到怪异。然而为什么在近代之前的日本会有如此的习俗呢？人随着年岁的增长，头发会渐渐稀薄，会自然在头顶形成“帘疏月稀”的区域，或许这种习俗就是在人为地模仿着这一衰老的表现吧。那是一个越老越值钱的时代。然而，如今我们已经从年轻人要故意模仿谢顶的时代，进入了一个增发植发盛行的时代。这是多么大的改变！日本已经从以老为尊的时代反转为一个年轻即价值的时代。

这些历史变化表明，日本和美国并不存在什么本质上的文化区别，这种不同或许可以说只是时代的差异。近代之前的欧洲也和前近代的日本相似。可以说，主要由移民建立起来的美国社会，从一开始就有一种特殊的社会结构，在这种结构中，新的东西总是比旧的东西更有价值。

然而，在这种前近代式的生活曲线中展现出的将老年人与儿童等同视之的做法，是老年人们希望的吗?

这里，要给大家介绍一位来自京都的角美代女士的一首诗，《老年人的请求》。

老年人，希望有人说说话
他若说了什么，请回应他
他忘记自己已经说过，旧话重提
尽管有些烦人，请回应他
即使他弄洒了饭，请不要生气
即使他漏了尿，请不要训斥
年纪越长，变得越发像个婴儿
身体越来越蜷缩
一点一点地

愈发变得如婴儿一般

写下这首诗时，作者角美代女士六十一岁。

老年人真的和婴儿一样吗？当护工对着你说，“来，奶奶，张口，啊——”，你会是怎样的心情呢？

老年人不是婴儿，而是经历了漫长的岁月、满载着经验智慧的人生专家。即使外表看来有些像婴儿，但实际上绝不是婴儿。这种将老人与婴儿等同视之的做法，来源于一种文化装置。日本就拥有这样的文化装置，即所谓的“翁童文化”。这是一种将老人等同于儿童的文化现象。在这样的思路下，对女性来说就会出现一种文化理想，希望自己老了之后“能成为可爱的老奶奶”。如果能够变成可爱的老奶奶，就可以依靠着别人生存。这是一种“生存战略”，也可以将其称为一种“文化狡智”。

然而，每当我接触到这样的“狡智”，我就想反问，“难道不可爱，就无法生存吗？”

“可爱”，作为一种生存战略，是女性长期以来一直在使用的一个字眼。若是可爱，就可以得到别人的照顾；若是可爱，就会给自己带来好处。相反，如若不可爱，就不是一个女人。如此说来，长相并不可爱的我难道就不是女人吗？成为老太婆的我就不是女人吗？长相并不可爱的老奶奶就无法生存了吗？如此这般的问题接连不断地浮现在我脑中。

应该说，“想成为可爱老奶奶”的想法是女性作为一种依赖性存在而生存下去的生存战略。在年纪不断增长的女性中，有谁是出于自己的意愿想要去成为一位可爱的老奶奶的呢？被称为“不可爱的女人”的我本人，就在当下都不可爱，难道会在未来变成可爱的老奶奶吗？考虑到以上问题，我认为创建一个无论可爱与否，人人都能很好地生存的社会是至关重要的。

把老人当作儿童一样来对待，是将老人和儿童一样视为没有责任能力的人，这种做法无非就是将老人当成麻烦，当成累赘。拒绝被当作儿童来对待，这正是向老学存在的意义所在。

在阐明向老学学会成立的宗旨的那本小册子里，会长武村泰男专门为学会写下了一篇长文寄语，文章的标题是《思考衰老的意义——写在日本向老学学会成立之际》。

文章开头引用中国的古典“老马之智可用也”，表明学会成立的宗旨在于“发挥老马的智慧”。武村文章的主要观点是，一直以来老年人一方面被当作人权问题的对象，另一方面又被视为不好对付的麻烦人物。作为人权问题关注的老年人，是需要保护的对象；而作为难对付的、麻烦的老年人，是要排除的对象。无论是哪一种倾向，都将老年人当作弱者来对待。针对这样的观点和态度，武田指出应该思考如何去发挥老年人的智慧。

由于老年痴呆既认知症的发病机制至今仍不明确，如何加以预防也不得而知。根据以往的经验得知，在患有认知障碍的人群当中，过往从事知识性工作的人比例较高。据说原来在学校工作的老师居多，像我这样的大学教师，未来也很有可能会加入这一行列。曾经非常尊重智慧与理性的人，大概会很难接受失去智慧和理性的自己。

武村在这篇文章中写道："将高龄者视为人权问题关注的对象，或是视为排除的对象，这些观点总让人感觉与女性问题有某些相似之处。"武村一针见血地指出问题的要害。

接下来他表达了以下的观点。只有当社会中的女性和男性同样活跃，而不是将女性视为弱者时，社会才会发展。这是我们所提倡的理想社会，然而现实中的情况并非如此。读到这里，我越发感受到这一问题的发展的确与女性运动的发展有着似曾相识的感觉。不过，如果把现在作为向老学的起点，我希望向老学可以避免走女性学曾经误入的迷途，不要再重蹈覆辙。

女性主义曾一度主张凡是男性能做到的，女性都能做到（Yes，we can. We can do it all.）。虽然并非所有的女性主义者都认可这样的观点，但确有一部分人曾经这样主张。若是所有男性能做到的，女性都可以的话，那么在此逻辑下就会出现这样的主张：男性可能出现的过劳死，让女性来试一试；男性要去奔赴的战场，让女性一起去参与。部分女性主义者认为，只有这样才实现了真正的男女平等。

所谓战争，无论怎样想，都是人类历史上所犯下的愚蠢行径中最为愚蠢的。就算要追求男女平等，但有什么必要连男性愚蠢的行为也要去模仿呢？对此疑问，也有人会主张，这是实施愚蠢行为的平等。难道女性主义者们要去争取的是模仿男性愚蠢行为的权利吗？我直观地意识到不应如此。

一直以来，女性主义要求的并不是：女性与男性一样强大，与男性一样有能力，所以希望能够和男性得到同样的待遇。女性或许天性柔弱，打起架来不占优势；或许生了小孩子后，要面对各方面的不利的因素。然而，就是因为这样，女性就不得不服从所谓强者的意志吗？弱者如何能够作为弱者而得到尊重，这才是我们一直以来所追求的。

向老学如果重蹈女性学走过的迷途，那么就会始终要求老年人具备与年轻人相同的价值，就会一直强调老年人不是弱者，就会有人提倡积极地变老，希望老年人即使年岁增长也要活得朝气蓬勃。然而，当老年人无法再积极的时候又该如何是好呢？

诚然，今后的高龄者，也许不再像过去的老年人那样是社会的弱者。他们拥有财富，拥有健康，拥有学历。但是，任何人总会在人生的最后阶段度过一段生病、卧床的时期，就算再短暂，也无法避免这一时期。

现在，在一些想极力避免面对如此困境的人中，流行一种 PPK 运动。PPK 是一个口号，由日语“健康生活”（ピンピン pinpin）的罗马字首字母 PP 和“溘然长逝”（コロリ

korori）的首字母 K 组成。这个口号表达了人们希望能健健康康在世，平静安然去世的愿望。然而，当我听到这个词语时，不禁回想起一段令人毛骨悚然的插曲。曾经在某地的妇女联合会举办的集会上，与会者一起高呼“生育健康宝宝，不要残疾宝宝”的口号。如果身有残疾，就没有活着的价值，这是非常法西斯式的想法。不是所有人都能够按照预期的死法离开这个世界。这些 PPK 运动的参与者一旦有朝一日卧床不起，当他们躺在床上再听到 PPK 的口号时，又会是怎样的想法呢？

与“越老越值钱”这一价值判断相反，现在有一种“具备老人力”的说法。随着赤濑川原平的《老人力》（筑摩书房，1998 年 / 筑摩文库，2001 年）一书成为畅销书，“老人力”一词仿佛在一瞬间普及开来。不过，现在流传开来的“具备老人力”[1]的概念，与赤濑川当初在书中所提倡的主旨并不相同；“具备老人力”的说法应该是对赤濑川所说的“老人力”的一个彻头彻尾的反用。健忘，想不起人名，同样的话说十遍……赤濑川把这些有负面倾向的衰老现象正话反说式称为“具备老人力”。我本人也时常会在教室黑板前因为想不起脑海中的书名或是作者名字而茫然不知所措；有时候怎么也想不起来某个汉字。每当这种情况发生，我便

1　此处上野所说的流行说法中的“老人力”是指老人的长处、优点，而不是赤濑川在书中提倡的随着衰老自然出现的老年人的健忘、啰唆等状态背后所潜藏的力量。

用平假名在黑板上写出读音，再打个括号，让学生自己转换成汉字填到括号里，不动声色地搪塞过去。这绝不是什么可以拿来炫耀的事迹。对于这些变化，赤濑川先生表示不要为此感到难堪，这正是“具备老人力”的表现。在他这样的表述中，包含着面对着逐渐老去和衰弱，面对着自己朝着所不期望的方向变化时，要以一种积极的心态来接受衰老的一种姿态。

向老学的目标，同时我认为这也是女性主义曾经为之努力的目标，不是去宣扬因为老年人同样拥有能力，所以老年人有价值的观点，而是去创建一个社会，可以让老年人即使没有能力，依然可以不被任何人排斥地生活下去。一般来说，价值是指别人带给自己的某种价值。一个人可以有益于他人，这样的价值可称之为社会价值。当一个人不再具备这种社会价值，但依然可以保持为人的尊严时，这样的社会才是我们要追求的目标。

一个人的社会价值包括地位、权力、经济条件、健康、智力及个人能力等等。如果我们把衰老理解成这些社会价值不容分辩地离我们而去的过程，那么，当我们无法积极地去接受失去社会价值的自己时，心理上会产生一种认同危机。这种对自己身份认同产生的危机构成老后问题。我们对此心生苦恼，正是因为我们曾经拥有着共同的价值认同。

1986 年我在《老年问题与老后问题的落差》一文中提

出，与老龄相关的研究应该从老年人问题向老年后问题进行范式转变，但文中依然使用了“老后问题”的说法，这表明在当时我的认知中还是将老后当作一个问题来思考的。现在，向老学在此基础上向前又迈进了一步。之所以这样说，是因为在向老学的表达方式中已经没有“问题”这个词语了。

这样的发展过程，又让我回想起女性主义发展的历史。长期以来，女性主义始终在为追求女性自立而进行着斗争。“何谓自立”，面对着这样的疑问，我认为一直没有摆脱过去“自立”的传统概念。每当遇到“女性自立”的字眼时，我都会感觉到一丝怀疑，希望自己不会因为总是强调“自立、自立”而陷入自律[1]神经失调的状态。对于我的这种不适感，芭芭拉·麦克唐纳所提出的“年龄歧视”概念给我提供了一个强有力的解决方案。

芭芭拉·麦克唐纳是一位女性主义者，也是一位女同性恋者。我与她相识时，她已是一位高龄人士，而当时我三十五六岁。1985 年，身材矮小、灰白头发的芭芭拉在全美女性学会的会议上发出了坚毅的呼声，对女性主义中的年龄歧视进行了强烈的控诉。那场演讲令人印象深刻。

“我出现在这里，并不是受到了邀请，这是通过斗争争取来的”，这是她当时的开场白。芭芭拉在演讲中向年轻女性提出了自己的忠告，希望她们对高龄女性采取一些下意识

1 日语中“自立”与“自律”的发音相同，都念作じりつ（jiritu）。

行为时，要极力注意避免一些行为。

“其一，高龄女性的存在并不是为了对年轻的你们有所帮助。不要期待她们能够帮助到你们。同时，我们也不指望你们对我们有所帮助。

“另一，不要以为对高龄女性说‘你和别的奶奶不一样，活得开心、健康、有韧性’是在对她们进行赞美。即便对方将此视为一种恭维，你们这样的说辞也会助长社会上排斥高龄女性的现象。

“再一，不要对高龄女性说‘您身体真棒’‘您比我们都能干’。这是你们的想象而已。不仅如此，这样的说法表达了你们关注的只是她们看起来比实际年龄要小的事实。如果你的做法让对方意识到了自己的年龄问题，那么就是对她的一种贬损。

“再一，即使高龄女性谈起关节炎或是白内障的话题，也不要以为老年人爱发牢骚。就和你们热衷于谈论堕胎、避孕、育儿或是料理话题一样，我们只是试图让你们稍微了解一下我们的想法。

“另外还有一点。不要以为，高龄女性就早已经是老人了。七十岁、八十岁、九十岁究竟意味着什么，这是一个不断发现的过程。高龄女性越是对这一话题展开叙述，进行写作，才越能帮助我们意识到，我们生活在一个否定自己的社会；意识到这些高龄女性的努力是多么具有革命性。”

令人惊讶的是，真正由当事者讲述出来的衰老体验极为罕见。当年芭芭拉在慷慨陈述年龄歧视的话题时，已是七十一岁。当时三十多岁的我听着七十一岁的芭芭拉的讲述，深受感动。芭芭拉的著作被译成日语出版的只有 *Look me in the eye*（《注视我的眼睛》，原柳社，1994 年，女性书店松香堂发售），将此书介绍到日本的人就是我。我想，当初与这本书相遇时之所以深受感动，是源于自己是一个懦弱的人。原柳社的寺泽惠美子女士与我有着相同的感受，着手将此书翻译出来，女性书店松香堂的中西丰子在对此书的销路不抱期望的预期下，担任了本书的发行方。寺泽女士后来还翻译了贝蒂·弗里丹的《衰老泉》（上 / 下，西村书店，1995 年）。这两本书的作者虽然都是女性主义者，但内容却形成了很好的对照。弗里丹的书表达的是老而不衰的生活态度，希望即使年纪增加依然保持积极生活的一种态度，强调的是年轻的状态。

此外，发生于 20 世纪 80 年代中期的残障人士自立运动从理论上支持了我对女性主义倡导的“自立”概念所产生的疑虑。

残障人士自立运动所倡导的自立概念认为，自立应该是自己可以决定自己想做的事情；当自己想做的事情需要他人的帮助时，有权利得到相应的支持。这样的自立与近代主义主张的贫瘠的自立概念相去甚远。一直以来所谓的自立，倡导的是不给别人添麻烦，是自己的事自己做，是一个人生活下去。

残障人士自立运动认为，即使是日常饮食和大小便都需要别人来照顾的、需要二十四小时照护的重度残障人士，也可以离开家庭独自一人生活。他们把这样的生活称为自立生活。也许普通人会想，二十四小时都在别人的照顾下生活，自立从何谈起呢？然而，对他们来说，这才是自立。

对自立生活的残障人士来说，这样的自立意味着可以走出有着刻板规则的机构设施；可以离开父母家庭的保护和控制，自己的事情由自己来决定；意味着如果需要别人的帮助，就有权利获得相应的帮助。他们不用再强迫自己适应“嗟来之食”，可以告诉照护人员自己的口味，提出吃咖喱或是吃烤鱼的要求；不仅如此，还可以进一步告诉照护人员说他做的饭菜不好吃，不合自己的口味，提出自己的要求，等等；也可以要求照护人员协助自己前往参加向老学的集会。

这样的自立概念一登场就令人耳目一新。弱者也拥有自立的权利，弱者也可以实现自立。这让我们意识到，即使对别人有所依赖，也可以称之为自立的生活。细想一下，每一个人在从出生到死亡的生命过程中，没有一刻是可以不依靠别人的。那些自以为自立的人其实只是没有意识到这一点而已。

想到这里，我就会想起女作家有吉佐和子。这是一位伟大的作家，有时我会想起她，希望她能够在这个世界上活得更久一些；在世界纷繁变化的转折点上，我想知道她会怎样看待这些变化，会做出怎样的叙述。在她的作品中有一部小说叫作《恍惚的人》（新潮社，1972 年 / 新潮文库，1982 年）。

这是有吉女士在1972年写下的日本第一部以认知症患者（当时还被称为痴呆老人）为主题的小说。虽然今天日本已经有介护保险对老年人的照护提供保障，但在1972年，老年人福利还没有被视为社会问题。《恍惚的人》在当时成为销量二百万册的畅销书，版权方新潮社还用此书的收益建造了新的总部大楼，别名就叫作“恍惚大厦”。

将痴呆称作“恍惚”，这是有吉女士一个极为精妙的创作。用恍惚来替换痴呆，这样人们便比较容易地接受这一悲惨境遇。后来，京都的早川一光医生通过与认知症患者及家属的交往指出，对痴呆患者来说，既没有过去，也没有未来，他们只是生活在当下。对面临着死亡的人来说，痴呆是一种恩赐。这样看来，当初有吉女士将痴呆称为恍惚，是非常具有先见之明的。

事实上，有吉女士的真正意图在于向我们敲响警钟。早在三十多年前，在上一世纪70年代初，她就已然向我们发出警告面对着老龄化社会，我们将背负起照护老人的沉重负担，仅靠家庭的力量是无法承担起这一负担的。所以，我认为《恍惚的人》不应该属于“老年文学”，而是“老人照护文学”。然而，在这部作品问世之初，许多男性读者以及男性评论家却以一种完全不同于作者本意的方式来阅读。大多数的读者都把此书当作一部煽动对老年痴呆的恐惧情绪的作品。他们无法接受自己将来变成书中的状态，希望能够在变痴呆之前溘然离世。书中插入的小册子收录了文艺批评家平野谦与作者有吉佐和子的对谈。在对谈中，平野将这种痴呆恐惧全盘托出，他说：

“有吉女士，您用这部作品真切地描写出人痴呆后的真实状况。在完成了这样的创作之后，您希望自己痴呆后也要继续活下去吗？”

向有吉提出了这样的问题后，平野谈到了自己的态度，表示自己无法忍受，希望自己能在成为这样的状态之前死去。对于同样的问题，有吉女士完美地给予回应，她说：

“即便如此，我还是打算继续活下去。就算生活多么不堪，即使自己已是老糊涂了，哪怕总是麻烦别人，我还是想活下去。”（有吉佐和子 / 平野谦《对谈关于“衰老”的思考》《恍惚的人》附录，新潮社，1972 年）

当我听到这句话时，深有感触。只有经历过出生、生育，见过生死的女性才能说出这样的话，这正是女性所独有的思想。

我多么希望有吉女士可以步入老年生活，能够在亲历迟迟不能离世的悲壮的老后生活后，将自己的经历感受诉诸文字。然而令人唏嘘的现实却是，有吉女士在五十三岁时突然离世，而且临终时孑然一身。

人上了年纪，或许会患上老年痴呆症。可是，那些不再有用的人，失去决策能力的人，不再智慧的人，甚至连理性都失去了的人，难道就不复为人了吗？难道他们就不能活下去吗？这些是我们在老人照护的一线现场需要思考和面对的问题，照护工作的一线每天要面对的就是这样的老人与他们所依赖的对象之间的关系问题。

我曾经与艺术家高畑早苗合作出版了《你们》（日本放送出版协会，1995 年）。在此我想引用书中的一节“活着就是工作”。

嘘，声音小一点，不要吵醒他（她）。

老人刚才一口痰卡在喉咙里，咳了好一阵，现在咳累了，正在熟睡中。也许是护工不熟悉情况，在给老人注入流食时不太顺利，堵在咽部，引起了一阵痛苦的咳嗽。老人的呼吸直到刚才都很急促，就连喘气都看起来十分辛苦。现在终于睡着了，还轻轻打起了呼噜。虽然无法表示自己的意志，但老人还是有意识的。刚才肯定难受极了、痛苦极了。

是的，老人像这样瘫痪卧床已经有三年了。开始时，无论对他（她）说什么都没有反应，医生都准备要放弃了。如果就那样交给医生的话，估计早就变成植物人躺在那里了。

但是，多亏了你一直不离不弃地跟他（她）讲话，你看，虽然只是一点点，可以看到他（她）开始有一些表情了。只要你来，他（她）脸上就会因为开心而舒展起来。每次你要离开时，脸上便又失去了光芒。听到你说“回头再来看你”时，他（她）还会流泪。除了他（她）之外，我还从没见到过什么人能用如此纯真的方式来表达喜悦悲伤的情感。

您或许会问，变成这样，活着还有意义吗？

是的，很有意义。

每次来到老人身边，我就会意识到活着是一份工作。呼吸、进食、排泄、心脏跳动，这每一个环节，对老人来说都是一项工作。我知道，老人在努力地完成好这每一项的任务。啊，居然有人如此努力地活着。一想到这里，老人活着的价值就突显出来。只要身边有这样的拼命活下去的人，我就会为自己的不努力而感到羞愧。于是，和我一样的人会被老人鼓励，认识到活着真好。

所以，我希望，这位老人一定要尽可能地好好活下去。

我希望，武村先生就算不再智慧，也可以长寿。当然，武村先生的家人比我们更强烈地希望如此。

我相信，向老学学会的成立不是为了向衰老发起挑战，而是为了思考如何接纳衰老。

第二章

照护与/家人

照护与性别

二十五年间的变化

2000年出版的题为《上野千鹤子讲文学社会学》（朝日新闻社，2000年 / 朝日文库，2003年）一书中，第一章的标题是“老年照护文学的诞生”。在这一章，我尝试着从社会学的角度对文学作品中表现的照护问题进行解读。

这一章我选取了两个文本。一是1971年出版的有吉佐和子的《恍惚的人》（新潮社，1972年 / 新潮文库，1982

年）；另一个是在 23 年后，即 1995 年出版的佐江众一的《黄落》（新潮社，1995 年 / 新潮文库，1999 年）。其中，《恍惚的人》的销售量达到 200 万册，成为一部超级畅销书；《黄落》的销量虽然只是《恍惚的人》的十分之一，也以 20 万册的成绩跻身畅销书行列。这两部作品的主人公分别为 40 多岁的中年夫妇和 60 多岁的初老夫妇，描绘了他们照顾 70 多岁父亲和八九十岁的母亲的经历，呈现了真实的照护现场的情形。将两部作品对比着来看，我们就会发现在这 23 年间发生了哪些有趣的变化。

《恍惚的人》描述的是妻子照顾着丈夫的患有痴呆症的父亲的故事。小说中有这样一个情节。一天深夜时分，庭院被积雪映照得分外明亮。晚归的丈夫在屋里透过窗户向外望去，看见在明亮的庭院中，妻子和父亲倚靠纠缠在一起。见状，丈夫大吃一惊，感叹有失体统。其实，真实的情况是痴呆的老父亲半夜要起夜，匆忙中，妻子来不及带他到厕所，就只好带着老父亲顺着屋外侧的沿廊来到院子里，然后从身后抱扶着老父亲，支撑着让老人在那里排尿。丈夫以为自己看到了不该看的情景，慌乱中冲上二楼，回到自己的房间。本来夫妻二人的卧室在二楼，但为了照顾痴呆的老父亲，夫妻分室而居，妻子不得不与老父亲同处一室。可是考虑到可能存在的性骚扰问题，这样的安排简直难以置信。丈夫什么也没做，冲上了二楼。然而，想到自己目睹的这一幕，丈夫感觉如果不对妻子说些什么，就无法收拾局面。于是，他就在二楼冲着回到房间的妻子大声喊道，“喂！我回来喽！这么长时间，对不住啦！”从二楼飘下来的这一句“这么长时间，对不住啦！”，正是妻子一直在等待着的一句话。就是这一句，让妻子长期以来郁积在心头的隔阂开始融化。

23 年后的小说《黄落》基本上是以作者佐江本人的经历为素材创作的。小说中的主人公，身为丈夫犯下了一个无可挽回的错误。在母亲的葬礼上，丈夫作为丧主要向前来参加葬礼的人致辞表示感谢。尽管妻子一直在等待着，然而丈夫对于一直安静地站在自己身边的妻子，对于母亲临终时一直守在床边照顾的妻子，最终却没有说出一句表示感谢的话，就结束了致辞。在葬礼当天的晚上，妻子幽怨地说了一句：

“到头来，你还是只字未提啊。”

“提什么？”

“对我的感谢。”

在丈夫看来，自己作为生性骄傲的江户人，怎么能当众表达对自己家人的感谢。然而妻子恰恰希望丈夫能当着大家的面，对自己说一句“谢谢”，对丈夫的做法无法接受。妻子思量，“你没有对我说谢谢，我一辈子都不会原谅你”。所以，这是一个“一辈子都不会原谅”的大事件。

后来，作者佐江终于得到了一个千载难逢的好机会去弥补自己的过失。他获得了 1995 年度的东急文化村的“双叟文学奖”。该奖项每年评选一次，由该年度的唯一一位评审专家（当年为城山三郎）评选出唯一一部获奖作品。佐江在妻子的陪同下参加颁奖仪式，在所有听众的见证下，对妻子说出了“谢谢你”，借此佐江终于努力挽回了错误。可以说，这两部作品相隔着的二十三年，是足以改变日本的夫妻关系的。

《恍惚的人》中登场的妻子，照顾着丈夫的父亲，对于当时的社会规范深信不疑，认为作为家中的长媳，就应该照护老人。那时的女人，只要得到丈夫的一句“这么长时间，对不住啦”，心中的郁结就能够得到舒解。如果放在现在，若是只要嘴上说说就可以解决的话，年轻丈夫们必定会毫不吝啬地对妻子说出“谢谢，我爱你”。然而，在23年后的《黄落》中，妻子虽然承担起作为长媳的照护责任，却因没能得到丈夫的一句感谢而愤懑不平。日本女性普遍具有强烈的责任感，即使是强撑也会履行她们作为儿媳的义务。不过，此时的日本女性已不同于23年前，认识到自己的付出不能再被视为理所当然。

《黄落》中的这位妻子是一位六十多岁的女性。时至今日，这一代女性依然具有“长媳”这样的身份认知。但是，即将成为照护后备军的一代女性，也就是我们这一代人是怎样想的呢？

我是在战后婴儿潮中出生的。被称为“团块世代”的这一代人中已经出现了“照护离婚”的情况。这里有一个真实的案例。我的一位朋友离婚了，家中有三个孩子。她的丈夫是家里的长子，还有姐妹二人，都已结婚。丈夫的父母在乡下突然病倒了，丈夫的父母、两个姐妹以及丈夫本人，所有人都认为此时理所当然得长子一家回乡照顾老人。但是妻子认为这样的做法不可理喻，下定决心离婚。

“那个人作为父亲并不是个坏人……可是，作为丈夫，他是不可原谅的。”妻子回忆当时的情景说道。当初，也许只需丈夫一句话，如果当时丈夫能说上一句“真是对不住啊，能不能请你在这件事情上忍耐一下”，如果丈夫跪下来央求的话，或许就不会走到离婚的地步。谈到当时的心境，这位妻子说，“我无法容忍的是他认为我作为长媳就理应去照料”。在这个案例中，妻子希望在开始照护前就事先得到丈夫的感谢。如果没有丈夫的感谢，妻子根本不可能有意愿去接受照护老人的任务。日本女性的思想已经发生了如此大的改变。或许有人会因此而感叹日本女性已不如从前，然而，换一个角度来看，无论妻子承担多少照护工作，却依然得不到丈夫的感谢，这样的夫妻关系才是不正常的。对于女性这样的变化，我是非常欢迎的。但是，这些变化的出现并不是我的功劳，请不要迁怒于我（笑）。

围绕着照护问题，夫妻的关系正发生着如此的变化。本章以“照护与性别”为主题，就是要重新思考“养老送终为什么只能由女人来做”这一问题。过去，妻子、女儿、儿媳妇理所当然地被视为负责照护的人，而在这 25 年间，这样的照护观念发生了急速的改变。这一章将要探讨的就是照护观念的改变，“养老是女人的事”这样的观念不再被认为是理所当然。

高龄化与家庭关系的演变

近十年至二十年间，伴随着高龄化的发展，家庭关系也在发生着改变。

首先，从人口统计来看，非常显著的一个变化是老年人呈现出的代际分离倾向。65 岁以上的老年人与子女共同居住的比例不断下降，老年人中，“至少在夫妻双方都健康的时段内保持自己居住”的情况业已成为一种常态。当夫妻中有一方先离世，另一方则成为单身家庭。以前，当老人成为单身后，多倾向于进入孩子的家庭开始共同生活。近些年来，越来越多的老年人不再像以前那样选择与孩子一起居住，而是选择依然独自生活。因此，近年来推动着单身家庭比例不断攀升的原因中，不只是独身的年轻人比例的增加，也有老年人单身家庭在增加的因素。

亲子世代之间的代际分离是否会导致相互关系的断裂呢？事实并非如此，相反，亲代与子代之间的代际相互依存关系在分离后反而有加强的趋势。此前的家庭社会学中所讨论的亲子关系主要是针对家长与未成年子女之间的关系。在高龄化不断发展的当下，亲子关系会更加关注未来历时更久的成年子女与日渐老去的家长之间的关系。

在成年子女和老龄家长间的亲子关系中，双方各自拥有自己的利益，相互依赖的关系呈现出日益增强的趋势。作为家长一方，对自己晚年生活的担忧日益增加，加重了日本老年人不愿消费、储蓄率上升的倾向。同时，在养老问题上，父母方面对孩子有所期待，期待子女能够在照护方面提供只靠金钱无法解决的人力支持。有人说养儿防老，可即使生育有一两个子女，一旦家中出现状况却未必一定能够有所依靠。经济学家晖俊淑子曾在一篇随笔中记录下自己照顾家人的故事，“兄弟姐妹轮班住在医院照料，可以片刻不停地守在父亲身边”。读到这里，我不禁感慨这家子女真是孝顺，虽然都有工作在身，还能时刻守在父亲身边。后来我向晖俊女士了解到她家中兄弟姐妹的人数后，才解了我当时的心头之惑。因为她家中兄弟姐妹共有五人，按每人一天来排序，每五天才会轮到一次。可是，如果一家只有两个孩子，那么他们每两晚就会有一晚失去自己的正常生活。如若家中只有一个孩子的话，那么医院的陪护就会变成无法承受的重担。因此，若是真的期待着养儿能防老的话，那么至少需要养育五个孩子才能有所指望。

老有所依的愿望仅靠两三个孩子是无法实现的。一旦老人出现了紧急状况，或许孩子身居远方，没准儿还是生活在海外。在超高龄化社会中甚至白发人送黑发人的情况也时有发生。如果是一两个子女来承担照护老人的任务，会打乱子女的生活秩序。因此，如果老人希望与子女保持良好的关系的话，那么就不要将生儿育女当作投资，而要把养育子女当作“消费品”投资。这种“消费品”意味着，在他们长大成人的这一段时间里，可以让你享受到育儿的乐趣，但是不要期待从他们那里得到更多的回报。在家长养育孩子的近二十年里，可以将孩子视为“耐用消费品”。当下，一部分人年过三十还不愿离开父母，选择继续在家啃老，这种“单身寄生族”问题引发社会关注。但是，当听到有的家长感叹“我家孩子就是这样”的时候，我们有时会从家长略显困惑的表情中，感觉到些许无法掩饰的喜悦之情。在我看来，这是家长在故意延迟与孩子的分离期的到来时间，既然孩子是耐用消费品，就应该尽可能长久地来享受其价值。

另一方面，从子女的角度来说，在父母家中啃老也有利可图。一方面可以期待着有朝一日继承家长多年累积的资产，另一方面，在首都圈这样高地价的范围内，不用自己租房，而选择寄居于父母家中，不仅可以免费使用住房及其配套的基础设施，还可以享用附带的餐饮与洗衣服务。而且，对已婚的子女来说，还可以期待自己父母在家务和育儿上提供支持，这是多么可靠的帮手呀。

代际的依存关系

有人很早就开始关注这种代际的相互依存的关系。市场分析专家辻本俊树早在团块二代还处于十五岁青少年之时，就开始关注这一代人的生活实际状态并进行了报道。他写下《团块二代——十五岁（草莓[1]）世代白皮书》（诚文堂新光社，1988年），并且一直对团块二代的成长轨迹进行追踪关注。草莓世代中的“草莓”二字发音与数字十五的发音相同，此外草莓二字还取自一部名为《草莓白皮书》（角川书店，1970年/角川文库，1971年）的小说。这部小说描述的是发生在哥伦比亚大学的学生运动，学生运动的主角相当于团块二代的家长们。辻本在书中给团块二代创造出一个非常精妙的称呼方式，称作“提前享用年金生活的人”。这一名称表示在他们内心当中，只需要考虑自己的流动性收入即可。这是因为，对这一代人来说，他们的父母已完成了资本积累，他们这一代又属于少子化的一代，至多只有一个兄弟姐妹，因此在未来，自己或是自己的未来的配偶中有一方无须任何成本就可以将父母的资产收入自己的囊中。团块二代失去了对资本积累的欲望与动机，他们对生活的态度就是当一天和尚撞一天钟，只要保证有流动性收入就万事大吉。对于积累资本毫无意愿的一代人开始登上了历史舞台。

这一现象的出现，背后是日本团块世代的人口迁移问

1 日语中十五可以读作いちご，与草莓一词发音相同，因此将十五岁一代谐音称草莓一代。

题。伴随着大量人口从乡村涌入城市，团块世代的住宅分布在首都圈范围内，跨越了东京二十三区，在“千叶茨城埼玉”城市圈范围内蔓延扩散开来。月刊杂志*Across*编辑室曾经就这一现象进行了专门报道，出版了《大迷走——团块世代彷徨的历史与现在》（PARCO出版局，1989年）。报道中模仿对丧失了祖国的犹太民族的称呼方式，将这一代人称为“Diaspora（漂流民族）”。这一代人已然失去了自己可以返回的家乡，在首都圈定居下来。一项基于细致入微的人口指标的调查显示，“千叶茨城埼玉”地区的人口构成中，团块世代所占的比例明显偏高，八成以上的团块世代都拥有自己的住宅。虽说经历了泡沫经济的冲击，但与他们当初购买住宅时的价格相比，这一代人还是获得了资本收益，实现了固定资产。

与父辈资产积累形成对照的是，团块二代认为只需要流动资产就可以过活。“草莓世代”中出现了新的倾向，有些人虽已成年，二十多岁却还不离开家，依然与父母住在一起。山田昌弘的《单身寄生时代》（筑摩新书，1999年）聚焦于这些年轻人，一举成为当时的畅销书。“寄生”一词原指“寄生生物”，山田借用此词来指代依靠家长过着寄生生活的单身者。

山田原本是为了寻找少子化问题发展的原因而展开调查。女人为什么不生育？根据人口动态调查的结果显示，原因在于“不结婚”。那么，为什么年轻男女不结婚呢？山田通过调查得出结论，年轻人认为“结婚会有损失”，“离开父母家，生活水平会下降”。这些年轻人在二十五六岁，甚至年过三十后依然不愿离开父母家，渐渐地，单身寄生族在各地开始出现。山田通过调查得出结论，正是这些人造成了社会上不结婚、不生育的现象。这些人的生活依靠着父母提供的住宅基础设施以及家务上的支持，就算他们工资收入水平很低，但基本所有的收入都是可支配收入。数据显示，他们上交给家庭的费用平均每月二至三万日元。他们还知道，其实家长并没有把这些钱填补到家用花费之中，而是以子女的名义存进了银行。

这种相互极度依赖的亲子关系业已形成，20 世纪 90 年代之前就有研究已经预测出这样的亲子关系。1989 年，由日本博报堂生活研究所出版的一份名为《90 年代的家庭——现金的流向改变家庭》的调查报告书，对这样的亲子关系做出了预测。此报告创造出另一个新词，称家庭关系将不再是“直系家庭”，而是“利系家庭”。也就是说家庭的维系不再是依靠血缘，而是依靠利益。在家庭内相互依存的关系中，由于存在着利益，使得家庭的凝聚力得到加强。尽管当时社会上还存在着“家庭解体”的论调，但是，在即将进入 20 世纪 90 年代之际我本人也曾预言过，“90 年代是家庭的时代。之后的代际间的相互依赖会增强。拥有父母这项‘基础设施’的子女们会处于更为有利的地位”。后来的社会发展证实了我的预言。

亲子同住、独立居住、近邻而居

高龄化家庭的居住模式呈现以下三个动向。一是选择性亲子同住。现在的老人即使与子女一起生活，也未必会选择与长子同住。无论是家长方，还是子女方，都开始相互选择，出现了选择共同生活的对象的倾向。如果老人与长媳相处不好，却与次子妻子相处融洽，可以选择去次子家里居住。又或者与女儿相处和谐，可以选择去与女儿女婿共同生活。因此，在曾经的长子负责养老这一规范逐渐瓦解的过程中，家中其他子女也不能像过去那样，因为排行老二、老三就可以摆脱与老人共同生活的问题。

另一个新的动向是中途同住现象的急剧增加。一般来说，老人很少会选择在子女刚结婚就住在一起，往往会在需要照护时，或是老夫妇中的一方先离世，留下了另一方时，才开始与子女共同生活。这是两代人共同生活情况中最普遍的一种形态。而且，不是子女入驻父母的家庭，而是子女让父母来自己家中共同生活，即“召来式同住”。这种形态的共同生活对老人来说并不会带来什么好的结果。这是因为，在老人看来，必须离开自己的居住场所；而且，自己是作为一个多余的后来者而出现的。在和孙辈的关系上，如果和孙辈自小就建立起良好的关系还比较理想，若是老人在孙子已经长大后才开始共同生活的话，孙辈对老人没有深厚的感情，老人往往会被视为麻烦。而且，从地域上来说，住在子女家中的老人，身边没有自己的朋友，有可能受到口音方言的影响，有时甚至会陷入一种不与外人打交道的、与世隔绝的封闭状态。这种“召来式同住”对老年人来说并不幸福，“幸福度调查”已经证实了这一点。当然，其中也不乏顺利的情况，不能一概而论。

除去共住与独居两个选项之外，老年人还有第三个选项，就是与子女近邻异居。这一形态可有很多种形式，可以是子女和父母分别居住在同一个住宅用地中相互独立的两幢房子，也可以是两代人居住在设有不同玄关入口的双户型住宅。此外，近期越来越多的家庭采取的方式是，两代人选择相互独立地居住在距离较近的不同住宅中。在城市中，子女家庭在面临“近邻异居”问题时，多倾向于优先选择与妻子方的家长较近的范围。对老人来说，相较于儿子儿媳，更愿意与女儿女婿共同生活，也就是“海螺小姐型[1]”。为了避免女婿对于入赘身份有所顾虑，有时妻子也会改随夫姓。要实现这种“近邻异居”，如果是在地价较为便宜的地方城市，需要拥有足够大小的住宅用地，还需要拥有一定的财力可以用来建双户型住宅。此外，还有另外一种模式，两代人的住宅的距离可以稍微扩大。20世纪80年代大阪进行的一项调查显示，在影响新婚夫妇为自

---

1 《海螺小姐》是日本一部影响力极大的动画片，主人公海螺小姐的家庭就是老人与女儿一家一起生活的模式。

己住宅选址的诸因素中，有一个因素是与父母家的距离保持在“城市交通无换乘15分钟范围内”。不过这个距离是指新居与妻子的娘家的距离，与丈夫父母家的距离远近是不在考虑范围内的。这也体现出优先考虑妻子方亲属关系的倾向。

在城市中，子女一代与妻子方家长的代际相互依存关系有所加强。子女一代在进行住宅选址时，其中要考虑的一个很大的因素就是妻子希望自己的母亲在育儿方面提供支援。有数据显示，在拥有六岁以下儿童的家庭中，妈妈是职业女性的三世同堂比例高于全职妈妈的三世同堂比例。也就是说，对职业女性来说，母亲是她们的坚强后盾。支持女性得以在社会上大展身手的背景正是这种日本式的家庭制度，这就是再生产的“亚洲式解决方案”。

少子化与性别差异的缩小

在这样的背景下，人们在生育时倾向于选择生女儿。这其中也有少子化的影响。在一项自20世纪70年代开始进行的持续性舆论调查中，有一个问题是：“如果只能生一个孩子，会选择男孩还是女孩？”20世纪70年代之前人们还是优先选择男孩，但是进入20世纪80年代后，人们的选择出现逆转。时至今日，无论男女，四分之三的受访者都选择生女孩。不过，像韩国、中国等儒教圈国家，至今依然还是压倒性多数的受访者会选择生儿子。东亚范围内，只有日本出现了生育选择倾向的逆转，从儿子转向了女儿。

为什么在日本会发生这样的逆转呢？一般认为，这与育儿成本负担的增加以及人们将子女视为生产资料向消费品的观念转变有关。如果生的是男孩，家长一般要对儿子的未来负有较大的责任，但如果生的是女孩，家长就可以较为轻松地享受育儿过程，只需要给女孩打扮得漂漂亮亮即可。因此，在将孩子视为消费品的观念作用下，使得人们倾向于选择生女儿，与性别歧视的倾向恰恰相反。不仅如此，家长希望生女儿还有一种期待，希望将来女儿能够承担照护家长的责任，这也是形成逆转的原因之一。

人们渐渐意识到，在照护成本中，虽然金钱是必需的，但比起金钱来说，更需要的是人力成本。这样，比起儿子，在照护问题上对女儿的期待上升。如今，女儿已经不能以结婚嫁人为理由逃避对父母的照护责任。过去有个说法叫“老姑娘”，指一直不出嫁住在父母家里的女儿，旧时的父母会把养老照护寄希望于老姑娘。但如今无论女儿结婚与否，在她的一生中都无可回避地要面对着照顾自己年迈父母的责任。因此，对女性来说，在一生中不得不担负起照顾丈夫的父母以及自己父母的责任，总共要负责四位老人的照护责任。这也是少子化带来的变化之一。

在少子化发展的背后，还有“二孩规范”的意识在推波助澜。所谓规范，就是“规则”或“规定”，但是其实哪里都没有这样的法律。虽然并没有人做出相关的规定，但每个人都会自发地遵守，这样的规则就是“规范”。“二孩规范”形成于日本经济的高速增长时期。这一规范形成后，日本的每一个家庭都会选择生育一到两个孩子，就像一个模子里刻出来的一般。一对夫妻再加上两个孩子成为大多数家庭的模版。夫妻婚后如果不生育，就会面临催生压力，被周围人追问“怎么还不要孩子啊？”；如果生育一个孩子，又会被别人说“独生子太孤单”，继续面临催生二胎的压力；但如果生育三个孩子，夫妻也还是会面临别的压力，这时就会有人说“真能干呀！”因此，一般夫妻都会生育两个孩子。越来越多的家庭没有足够的财力支持养育三个孩子。

过去，在很多的日本家庭中，长子排行最末。这是因为这样的家庭中，父母开始生的都是女孩，于是抱着再努力一下的想法，希望能生一个男孩，直到终于有男孩诞生才作罢，这样的长子在家中排行最末。现在这样的情况已极为罕见。对于已育有两个女孩的家长而言，一般也不会有“再努力一把”的想法。数据显示，现在日本有孩子的家庭中，四成左右的家庭是独生女或两个女孩。在一项针对家长进行的调查中，针对“会给予儿子或女儿提供怎样的教育？”这一问题，直到近期，绝大多数的家长依然还是表示会支持“儿子读到大学，女儿读到短期大学”。然而，在少子化的环境下，这样的选择也变得越发困难起来。如果是儿女双全的家庭，或许还会出现受教育程度的性别差异；但当两个孩子都是女孩时，就无法进行区别对待了。如果是资质聪慧的女孩，越来越多的家长会想方设法地培养孩子，就算是复读，也希望把孩子送进排名更靠前的大学。我自己在东大教书深切地感受到，有复读经历的女生比例的确在提高。虽说想复读仅靠本人的意志是不够的，还必须得到父母的支持，然而是否有越来越多的家长会鼓励女儿“即使复读也要加油读（大学）”呢？

随着少子化的发展，男孩女孩的性别差异也在缩小，这是临床精神科医生业已指出的事实。在青春期出现的各种问题中，性别差异也逐渐消失。例如不上学问题背后的原因，按照以往的解释，这属于男生的青春期病理表现，但现在女生同样也面临着竞争压力，因此这一问题在男女生之间的差别正在消失。

在结婚问题上，家长对女儿施加的压力也在减少。现在的家长不会再要求女儿说，“你不出嫁，哥哥就没办法结婚，所以你得早点出嫁”。因为，即使儿子要结婚，但通常结婚后就会与父母分开生活，所以女儿就算一直和父母住在一起也不会有任何不妥。而且，现在如果女儿离婚，可以随时搬回娘家。过去女儿出嫁前，父亲嘱咐女儿的是“无论发生什么事情，都不能再踏入娘家”；但近来新娘父亲的饯言已经改变，老父亲对要出嫁的女儿说“你的房间我们会一直保留着，有什么不痛快随时回来”。

在夫妻关系中，妻子能够对丈夫占有优势的理由有两点。一是妻子自己具有经济实力，另一个是虽然妻子自己没有实力，但娘家具有实力。所谓“倚仗着娘家势力”，就表明如果妻子的家庭有实力的话，妻子就可以在婆家挺起腰杆。遇到不开心可以随时回去，这推高了妻子的家庭地位。表面看来，现在的年轻一代，夫妻关系变得对等起来；在我看来，这并不只是源于妻子实力的提高。我曾读到过这样的说法，结婚对女性来说，并不意味着与父母分离，也就是女性身后依然有父母的支持，才能够让妻子在与丈夫的关系中表现得强硬。我将这样的男女平等称为“附带条件的男女平等”。

同样，离婚也变得容易起来，离了婚的女儿随时可以回到父母身边。过去，由于自己的兄嫂住在娘家，离婚后的女性无处可去，但现在这样的问题不复存在。不仅不是问题，三四十岁的离异女性带着孩子一起搬回娘家居住，甚至成为一些家长非常欢迎的情况。这是因为，在这些家长正要迎来向老期的时候，女儿作为重要的照护人员及时出现，并且还带来了继承家业的孩子。而且，女儿那毫不中用的丈夫不会一起跟过来，正是父母求之不得的好事（笑）。从各种层面上来看，对家长来说，女儿的价值的确是提高了。

照护费用的相关规范与制度

照护成本应该由谁来承担？围绕这一问题，近十到二十年间，相关的规范与规则发生了很大的变化。前文述及的家长在照护问题上对女儿的期待越来越高这一趋势也与照护成本的相关规定出现的变化不无关系。我这里所使用的“成本”，并不仅指金钱成本，还包括人力成本。也许很多男性认为“照护父母的工作是由我负责的”，但是这种表述大多数的场合都只是针对货币上的费用成本而言。在这背后，还有妻子或是儿媳付出的无偿劳动的人力成本负担。

国民年金制度的建立对照护的成本负担产生了重大影响。

首先，费用分担的规则改变了。国民年金制度的建立使谁受益谁负担的照护费用的原则成为现实，也就是实现了由老年人自己负担照护费用。随着代际分离，老人与子女各自的家庭收支也都分开进行，即使在没有代际分离的家庭中，多数家庭也是分开处理家庭收支的。在对老人进行照护的问题上，倾向于由老人自己的收入来支付相关费用，而不去动用子女的钱包。因此，照护费用也倾向于控制在老年人的收入范围之内。

第二，形成这一趋势背后的原因在于老年人拥有年金收入。但是，众所周知，在日本可领取年金的人的待遇各不相同，低年金以及无年金收入的老年人的照护问题依然非常严峻。同时，未来的年金财政也让人感到不安。

第三，年金制度还存在着性别歧视。在现行的年金制度中，有一类参保人员被称作“三号被保险人”。“一号被保险人”是指个体自营业者及其家庭成员员工，“二号被保险人”是指被雇佣者，而“三号被保险人”是指被雇佣者的无业配偶。被雇佣者的妻子为什么要被命名为“三号被保险人”呢？社会政策学者大泽真理开玩笑地解释说，这是因为“二号”是给“小三”专用的名词，不能用在正式妻子身上。不过“二号”这样的称呼方式，在当今的年轻人中或许已不通用。话说回来，“三号被保险人”虽然不缴纳保险费用，却拥有领取年金的权利，因此有人称之为“专职主妇优惠政策”。然而，在我看来这样的说法是错误的，应该称为“老人养老送终的保障政策”。“三号被保险人”制度的存在，会给谁带来收益呢？以下的三种当事人会因这一制度获益，也正是因为这样，所以我称其为“老人养老送终的保障政策”。

首先，拥有全职太太的丈夫们当然是这一政策的受益者。这些妻子即使有个人年金，但与丈夫去世后妻子可领取的遗属年金相比，个人年金可领取的额度要少得多。在丈夫去世时，她们必须在这两者间选择其一，几乎所有人都会选择遗属年金。不过，如果妻子离婚就失去领取资格，所以，妻子们只要再稍微坚持一下，照顾好丈夫临终后，就可以领到这笔遗属年金。显然，这一制度的存在对于中老年离婚具有明显的抑制效果。2007 年 4 月，日本虽然开始实施离婚时年金分割制度，但中老年离婚的比例并没有出现迅速增高。因为如果离婚，虽然妻子可以获得配偶的年金的一部分，但其数量也远不及遗属年金[1]。

1　译注：按照规定，丈夫的老龄厚生年金额的四分之三为遗属年金。

第二，受益的还有大企业。那些在大企业工作的丈夫，太太全职在家，靠丈夫一人的收入就可以养活一家人。作为被雇佣者，他们多数集中在高收入阶层。事实上，负担缴纳妻子年金的并不只是丈夫本人，所有工作的人，无论男女都要平等地负担这一笔费用。有人计算过如果无业的全职太太自己承担保险费，那么所有的劳动者每年的年金负担额将会减少 2000 ～ 3000 日元。因此，双职工家庭中的妻子当然会为此感到不公平，对全职主妇心怀怨念。她们不仅要在职场打拼，还要承担起家庭中的家务、育儿责任。缴纳年金费用时，企业方与被雇佣方各负担一半，（由于这一制度的实施）当企业雇佣的是家有全职主妇的丈夫时，则无须负担缴纳其妻子相应的年金费用。可见，“三号被保险人”制度不仅对丈夫非常友好，对雇佣这些丈夫的大企业来说，也是一项非常友好的政策。

第三，雇佣全职主妇的企业也是这一政策的受益者。虽说叫作全职主妇，但事实上很多人也并非完全无业，应该称为“视为全职主妇”。有不少主妇也在工作，她们会调整工作时间的长短，将工作收入控制在 103 万日元的“被扶养者控除”额度之内。以计时方式雇佣这些主妇的多是一些中小企业或小微企业，对企业方来说，如果雇佣全职主妇来从事相关周边的工作，却无须提供保障和保险可以为企业免除相应的保险费用的负担。所以，这一政策对雇主一方来说也是友好的。我认为，“三号被保险人”制度无须遮遮掩掩，这哪里是对全职主妇的优惠政策，分明是对企业的友好政策。

不仅如此，这一政策的出台其实还体现出一种政策性选择，期待着无业女性来承担起照护负担。

尽管一直以来，女性都挑起了照护工作的重任，但是面对这样的期待，今天的女性不愿再听之任之。虽然她们还是会继续承担照护的负担，但是她们认为，既然自己承担了照护负担，就理应获得相应的对价支付。这样的想法已经体现在要求相应的遗产分配的诉求中。针对民法中的均分继承的规定，人们开始认同承担了更多照护负担的人理应继承更多的遗产，所以根据照护责任不同而进行遗产分配的对价型继承不断增加。照护，即使是义务，也已不再是无偿的奉献。照护劳动服务的商品化带来了人们观念上的转变。在外购买服务需要付费；那么在家中获得的服务，也不应该是免费的。人们的观念正在发生改变。

照护工作现场的新动向

目前，在照护现场正发生急速的变化。

第一，在实际的照护中存在着老老照护的情况。“老老照护”是佐江众一创造的名词，指由老年人照护年纪更长的老年人，即提供照护与接受照护的双方都已不再年轻，现实中的照护存在这样的情况。

第二，配偶间相互照护已经成为常态。在夫妻双方均健康的情况下，家长与子女是分开居住的，所以夫妻中即便有一方倒下，也不会依靠子女，而是由配偶来进行照护。在大多数的夫妻中，丈夫都比妻子年长，而且男性的平均寿命较女性短，因此丈夫希望妻子给他们送终。然而，有时尽管妻子比丈夫年轻，也可能会颠倒过来。如果妻子先倒下，那么只能依靠丈夫来进行照护，因此由丈夫来进行照护的情况也有所增加。近些年来，男性在照护者中所占的比例正在逐渐升高，这一数字的背后就是丈夫进行照护的事实。

第三，高龄者中出现“白发人送黑发人”现象。例如，有 98 岁的女性失去 75 岁长子的案例。从男性平均寿命来看，75 岁虽说不算是早逝，但对一直依靠着长子照料的 98 岁的高龄女性来说，这样的变故让周围人都不知道该如何去安慰老人。因此，在超老龄社会中，我们必须做好子女先于自己离世的思想准备。

第四，一旦出现以上情况，就会发生孙辈照护。即三代人中位于中间的一代死亡后，孙辈就需要承担起照顾祖父母的责任。

第五，照护长期化。“改善高龄社会女性协会”面向会员展开了一项独立调查，结果显示照护者的平均照护时间为七年，这是一段相当长的时间。“改善高龄社会女性协会”的会长是樋口惠子女士，我本人也是该协会的会员之一。

第六，出现多重照护的趋势。即现在开始出现一个照护者要面临着同时照护多名对象的倾向。

第七，由四五十岁的中年独身男性与六七十岁的逐渐老去的家长构成的家庭正在逐渐增加。同时，在离婚率不断攀升的背景下，再次单身的男性也倾向于回到父母家中生活。由于缺乏一定的家务能力，他们需要从母亲那里获得原先由妻子在家务方面提供的帮助。当然，在母亲能够处理家务时还不是问题，但未来总会面临照护家长的责任。目前，以人口过疏地区为中心的地域，像这样由向老期单身男性和需要照护的高龄家长组成的家庭，现在正在逐渐增加。同时，这样的家庭也正在成为出现照护虐待现象的温床。地方的保健师们已经在他们的报告中关注到这一问题。由于担心这一现象在不久的将来会成为非常严重的社会问题，2006 年《防止虐待老年人法》开始实施。调查显示，位于虐待行为实施者首位的是“儿子”。

照护与性别

如上，照护现场出现了快速的变化。与此同时，一个严峻的问题值得我们注目。

每当我们讨论由谁来承担照护、应该如何来承担这一问题时，我想提醒大家思考，为什么养老送终的重任总是落在女性肩上？一直以来，在论及“照护与性别”这一问题时，人们总是理所当然地做出选择。女性作为照护的主角，甚至都没有成为人们关注的问题。

迄今为止，政府的相关统计缺乏对性别的考量。在厚生劳动省进行的“国民生活基础调查”中，有一项数据是对“高龄卧床人口的主要照护者与被照护者的关系”进行的统计，在其选项中设有“子女”以及“子女的配偶”的选项，但没有区分性别。子女可能是儿子或女儿，配偶中也包括儿媳和女婿，这样的选项设置让人不知所云。另外，还设有“配偶”的选项，此时可以根据卧床者的性别推断出照护者是妻子还是丈夫，但当照护者是子女时，我们就无法从统计结果中了解照护者的性别构成。这种缺乏性别数据的统计结果，基本不具备现实意义。这就是所谓的“缺乏对性别的考量”。所以，根据迄今为止政府统计的相关数据，我们无法辨别照护者究竟是男性还是女性。然而，在针对不同年龄卧床者的照护者进行的统计中，设置了男女的区别选项。在对六七十岁的卧床者进行照护的人中，男性居多，占比超过 20%。根据卧床者的年龄段可以推测出，这里的男性照护者大部分都是卧床者的丈夫，而非儿子或女婿。从这个数据可以看出，在现实生活中，当自己的配偶卧床不起时，男性也会不得已承担起照护的责任。

近来出现的另一个新趋势是女儿与儿媳在照护工作中的排位发生了逆转。不论是否结婚，女儿都比儿媳承担起更多的照护责任。

那么男性在照护中起到了怎样的作用呢？对儿媳来说，公婆是外人，因此当儿媳在负责照护时，可以以“这是你的父母”为由要求丈夫配合进行照护；丈夫自然也感觉愧疾，会协助妻子一起照护。可是如果是女儿照护父母，同样作为配偶，女婿协助照护工作的可能性低于儿子。并且，女儿作为妻子，会因照顾自己父母而感觉对丈夫有所亏欠，因此很难再张口要求丈夫配合自己的工作。所以，在实际的照护中，男性以丈夫角色参与的程度确有增加，但同时，作为儿子、女婿、兄弟参与照护的程度有减少的趋势。当兄弟姐妹分担照护任务时，如果有一名主要照护者的话，那么其他人则倾向于不提供协助。并且，当父母是和这位照护者一起居住时，这一倾向就愈加明显。整体看来，人们对女儿的偏好，造成了男性群体的照护负担反而有减轻的趋势。父母在选择照护者时偏向于选择女儿，绝不意味着女性地位的提高。虽然儿媳的照护负担是减少了，但作为女儿，照护负担是增加了，而且还可能不会得到丈夫的协助。这样看来，女性的照护负担可能变得更重了。

1995 年《诸君！》杂志的主题为“家庭成员的结构调整”，10 月号（新曜社，1999 年）中刊登了山田昌弘的论文，题为《男人不能照护高龄老人》，内容颇有挑衅性。这篇论文通过简单的调查得出非常有趣的结果，其调查设计的精妙堪称教科书式典范。具体结果请参看表 1，“如果老年卧床后，当照护你的人是以下选项时，你会有抵触感吗？请根据自己的感受从①②③中选择”。请被访者对于不同类型的照护者的抵触情况进行比较，其中①很抵触，②有一些抵触，③不抵触。这项调查设计得很好，在照护者中设置了子女、子女的配偶与照护士的三大类别中，又添加了男女性别以及年龄区别（青年与中年）来进行组合，共计提供了八个选项。表 2 是将表 1 的回答按照抵触程度进行排序后呈现的结果。通过这个调查我们可以看到男性与女性间非常有趣的区别。

表1 家庭生活与照护意识 关于身体接触的调查（1995年8月，%）

如果老年卧床后，当照护你的人是以下选项时，
你会有抵触感吗？请根据自己的感受从①②③中选择。

①很抵触　②有一些抵触　③不抵触

	男性			女性		
	①	②	③	①	②	③
儿子	13.6	38.6	47.7	27.0	44.3	28.7
女儿	12.2	38.9	48.9	3.8	29.5	66.7
女婿（女儿的配偶）	51.7	41.6	6.7	76.2	19.0	4.8
儿媳（儿子的配偶）	37.2	48.8	14.0	36.8	43.0	20.2
青年男性照护士	15.6	32.3	52.1	49.6	35.5	14.9
中年男性照护士	14.6	33.3	52.1	47.5	37.5	15.0
青年女性照护士	16.7	27.1	56.3	4.1	36.1	59.8
中年女性照护士	9.4	28.1	62.5	2.5	27.0	70.5

家庭生活与照护意识 关于身体接触的调查（本调查受到文部省科学研究费的资助，于1995年8月实施）有效回答227份（男性100人，女性127人，全部为30~60岁），小数点后第二位四舍五人
引自山田昌弘《男人不能照护高龄老人》（《诸君！》1995年10月号，文艺春秋，p.198）

表2

如果老年卧床后，当照护你的人是以下选项时，
你会有抵触感吗？

男性		女性	
有抵触	不抵触	有抵触	不抵触
1 女婿	8 女婿	1 女婿	8 女婿
2 儿媳	7 儿媳	2 青年男性照护士	7 青年男性照护士
3 青年女性照护士	6 儿子	3 中年男性照护士	6 中年男性照护士
4 青年男性照护士	5 女儿	4 儿媳	5 儿媳
5 中年男性照护士	4 中年男性照护士	5 儿子	4 儿子
6 儿子	3 青年男性照护士	6 青年女性照护士	3 青年女性照护士
7 女儿	2 青年女性照护士	7 女儿	2 女儿
8 中年女性照护士	1 中年女性照护士	8 中年女性照护士	1 中年女性照护士

与表1同时制作

女性回答“不抵触”的照护者中，按照不抵触的程度排序，列于首位的是中年女性照护士，也就是说女性对于同性的、外人、中年人最没有抵触感。接下来是自己的女儿。但是在男性的回答中，将抵触的程度按照由低至高的顺序进行排序，中年女性照护士依然位于首位，接下来依次是女儿、儿子，再下来是中年男性照护士、青年男性照护士，然后是青年女性照护士。在对残障人士进行身体照护时，原则上是同性照护，但是老年人对于职业的男性照护

士的抵触感低于青年女性照护士。不过，中年女性照护士是个例外。也就是说，虽然同为女性照护士，男性对于中年女性没有抵触感，但如果是青年女性则会有抵触。难道中年女性不算女人吗？

在“有抵触”的排序中，儿媳与女婿终于登场，且列居高位。在男性的选择中，对于儿媳照护的抵触程度竟然高于照护士。而女婿则是共同的抵触对象，无论男女。在女性的“不抵触”的排序中，依次是中年女性照护士、女儿、青年女性照护士、儿子和儿媳。从这样的排序中可以看到，在人们的观念里，与其求儿媳，还不如让自己儿子来照护。在老人眼中，孩子是“自己人”，但他们的配偶是纯粹的外人，比起女婿、儿媳，最好还是自己的女儿或儿子来照护。女性对于男性照护士与女婿来照护的抵触程度最为强烈。基于上述的调查结果，山田得到了以下结论，“男性无法承担老年人的照护工作，因为老年人自身不喜欢男性照护者”。

对于山田得出的结论，《照护与性别》（家庭社，1997年）的作者春日喜须代（キスヨ的音译）展开批判。虽然女性对于男性照护士有抵触情绪是事实，但并不能以历来如此为借口，就认为将来情况依然还会是这样，任其发展的做法是不可取的。举例来说，虽然现在男性担任助产士引发了很多争议，但其实产科有男医生的历史也并不久远。原本分娩过程对男性来说是一个禁区，但现在人们逐渐接受了男性产科医生的存在。原来，不愿意让男性医生来检查下体的女性，也开始逐渐地不再抗拒。这种对于异性的“抗拒感”，或是“不舒服”的感觉反应，被称作“身体化的性别规范”。规范是可以习得的，身体感觉也是通过社会性学习来习得的，会随着历史的发展而变化。在未来社会中，照护的人手会越来越缺乏，根本无法要求照护人员的性别。同时，在照护的一线工作中，有很多场景是需要男性来处理的，未来的照护工作也的确需要有更多的男性参与。当下，已经有退休男性以及福利专门学校的男性正在加入护理大军。

要改变的不仅是照护方，被照护方也需要通过学习来改变自己的身体感觉，事实上这样的改变正在迅速地进行。从山田的调查也可以看到，无论男女，所有人在选择照护者时都会按照女儿、儿子的顺序，而不是儿媳。这一结果足以证明由儿媳来进行照护的所谓规范已经瓦解。过去，在儿媳的人权得不到认可的年代，认为让儿媳来照护老人理所当然，但最近人们已经对此产生抵触。因为现在的人们开始慢慢接受“子女的配偶是外人”这一事实。其实，在山田的调查中还缺少了一个选项——配偶。如果加上了这一选项，无论男女，一定会选择自己的丈夫或妻子排在“不抵触”的首位。如果是女性，就算有儿媳，有女儿，只要夫妻还都健康，肯定会希望由丈夫来照护，这一规范现在已经深入人心。如此看来，山田的调查与结论看起来只是忽略了所有不利于自己观点的数据。

介护保险的影响

介护保险法[1]的出台带来了一次思维范式的转换，改变了国民对于照护的观念和看法，照护不再只是家庭成员的责任。老年人的福利已经从措施变为合同，从恩惠变为权利。同时，公众也形成了一致的观念，认为照护不是免费的。

那么，随之而来的问题就是介护保险的使用者究竟是谁？是需要照护的本人，还是家人呢？的确，根据保险的规定，保险的使用者是需要照护的本人，但事实上多数情况是家人代替本人做出的决定。然而，需要照护者与家庭照护者双方的利益并非总能保持一致。对家庭照护者来说，现有的一些服务可以满足自己的想法，希望需要照护的老人尽量不再被送回家里。于是，就产生了另一个问题，照护服务的服务对象究竟是谁？

尽管还是有一些限制，但介护保险的出台终于实现了照护的社会化。照护服务不再是免费的。如今摆在我们面前的问题是，如何能打破家庭的界线，在社区（或一个区域）范围内构建一个稳定的供需循环？如何向需要照护的人提供真

1　介护在译成中文时有照护、介护、护理等译法。本文中在表示法律名称时使用“介护保险法”；在表示实际的照料护理行为时使用“照护”的说法；“护理”一词多用于有医疗性质的护理行为，因此在本文中为了区别，未使用“护理”的译法。

正有利于他们的相关服务？

此外，一线的照护工作者多为中老年女性。考虑到这一现实，我们必须思考要创造怎样的工作条件来保障她们可以带有责任感和自豪感地投入照护工作。过去，她们在家中无偿地照护家人；如今，她们走出家庭，做着同样的工作，还可以获得报酬。不过，同样的付出虽然从无偿发展到了有偿，但劳动条件并没有相应地变得更好。我们要构筑起可以让她们安心工作的环境，既有稳定的就业保证与工资，也有相应的保险、保障，同时还能让她们对自己的工作获得自豪感。因为，照护工作者工作条件的优劣，会直接反映到她们向被照护者提供的服务质量中。

总之，在过去短短的十几二十年间，与照护相关的常识正在迅速地发生着变化。与其对变化了的现实视而不见，无谓地美化过去，处时应变才是我们应该具备的态度。

『好媳妇意识』下的无奈之举——签个协议吧

共同居住与照护的两难关系

自20世纪20年代开始，日本人口开始出现城市化进程，一般家庭中通常只有长子留在家中，次子和三子都外出工作。长子作为家业继承者守护家庭。正因有了长子的留守，就算次子和三子在城市里失业或是无家可归，也可以随时回到老家。直到20世纪50年代，日本主要的家庭形态还是由城市中的核心家庭与坚守故乡的长子家庭构成的。随着日本经济进入高度增长期，这种家庭形态开始瓦解。进入20世纪60年代后，就连固守家中的长子也纷纷离开故乡，涌入人口移动的大潮。起初长子结婚时，妻子是“嫁入”婆家的，也就是说在结婚时就以和公婆一起生活为前提。因此，长子夫妇与公婆分开居住，是一种全新的家庭形态。

当妻子与公婆在一起生活时，由于和父母共同生活的孩子理应承担起照顾父母的责任，那么这些责任便理所当然地由女性来承担，因此在过去，老人的照护工作是儿媳的责任。然而，随着家庭形态的变化，这一点也在迅速地发生着改变。如今，即使子女与年迈父母共同生活，也不是一结婚就住在一起，多数是从中途开始的，即所谓的“召来式同住”（父母住到子女家）或“返回式同住”（子女住回父母家）。这一点与过去的亲子同住在方式上的本质的区别。如果是一结婚就与父母共同生活，一家之主是老人，儿媳不得不去适应公婆家中的家风。如果是中途同住的话，通常都是在公婆身体不再强健之后，两代人才开始共同生活，那么在家长与子女之间的力量对比就出现逆转。此时，需要照护的父母作为麻烦“闯入”子女的家庭，并且不得不去适应儿媳业已打造形成的家风。

20世纪70年代之后，老龄化社会的发展带来了一种新的趋势。老夫妇如果能够互相照顾的话，一般不愿意去和子女一起生活。现在的老年人家庭中最多的不是三世同堂，而是只有老夫妇的家庭。故此，承担照护工作最多的并不是儿媳，而是老夫妇中的妻子。顺便提及，如果按家庭成员关系来看，具体负责照护的人员身份依次为妻子、儿媳、女儿、丈夫。在老龄照护者中，男性占比 20% 也是因为丈夫照顾妻子的情况有所增加。在照护人员中，儿子的比例也在逐渐提高，但是女婿基本上是不参与的。如果老夫妇家庭中的妻子先病倒，那么只有依靠丈夫来照护。但就算辛苦，老夫妻在双方都在世的情况下，也倾向于避免与孩子一起生活。

如果需要与孩子共同生活，父母会选择与谁住在一起呢？这是一个问题。

父母与子女共同生活的形态可以分为以下三种类型。

第一类是最传统的“继续型”亲子同住，老人的选择并不局限于长子。一般来说，先结婚的孩子会先搬离父母家，老人就会与一直在家啃老的儿子或女儿住在一起。此外还有之前提到的“海螺小姐型”，即老夫妇与女儿和上门女婿一起生活。在城市里较为多见的形式是与岳父岳母同住的职业女性家庭类型。在日本，每五对夫妻中就会有一对是奉子成婚的，而且固有的观念认为结婚就是为了养育小孩，因此不少年轻人会在结婚时选择与妻子一方的父母住在一起或是近邻而居，他们期待着老人在育儿方面提供支援。在这种亲子同住的形态中，考虑更多的是优先方便子女的生活，而不是出于方便照顾年迈的老人。

第二类是“中途型”亲子同住，包括子女让父母来自己家的“召唤式同住”与子女回到父母家的“返回式同住”。

每一种都包含与妻子方父母或与丈夫方父母同住两种情况。中途同住多发生在老夫妇中一方去世后，或双方都需要人照护的情况下。如果子女在大城市工作，面临着工作、生活以及下一代的教育问题，无法改变相关的环境，此时一般都采取优先方便子女的同住方式。“召唤式同住”乍看起来也是一种孝敬父母的做法，但其实只是为了减轻子女远程照护的负担，子女的需要优先于父母的需求。老人不得不离开自己住惯的老宅，离开多年的邻里朋友等人际交往，开始与子女的中途同住，他们未来的生活一般都不太值得期待。

另一种是子女“返回式同住”，这需要父母有房有地，有财产家业，或是父母住所位于子女的城市通勤圈内。如果没有这些基础设施层面上的保障，这种方式也是很难实现的。如果在城市生活的儿子或女儿拥有一定程度的社会地位或财产，那么农村的老宅和土地对他们是没有吸引力的。而且，考虑到下一代的教育环境，子女便无法放弃已有的环境，从城市回到乡村。当然，若是遭遇裁员失去工作的中年人，或许可以借此机会重新设计自己的人生，所以对他们来说，返回家乡或许是一个不错的选择。

无论是继续型，还是中途型，亲子同住中的长子优先的原则都已经不再成立。比如，当长子远在海外工作，或是老夫妇与长子的妻子交恶，那么次子以下的子女就会取代长子与父母共同生活，这就是樋口惠子所说的“上位当选”。伴随着超老龄化的发展，还会出现年逾八十的父母痛失六七十岁的长子这种“白发人送黑发人”的情形。因此，由孙辈来照顾祖辈的“隔代照护”，或是与侄子、外甥共同生活的老人也并不罕见。同时，在少子化社会中，女儿无论出嫁与否，都不能以“嫁为人妇”为理由逃脱对父母的照护责任。次子也好，女儿也罢，在照护父母的问题上都无法让自己置身事外。

“好媳妇”照顾老人时要签两个协议

在日本，与父母共同生活的子女一般会承担起父母生活起居的保障与照护两方面的责任。而且，调查显示，如果一个家庭中存在一位主要照护者的话，那么其他家人就倾向于不再干预此事。一直以来，多数家庭中长子夫妇与父母共同生活，并负责为老人提供生活上的保障，承担起照护责任，同时独自继承老人的家产与田地。战后，民法中虽然规定了子女拥有平等的继承权，但是次子以下或是女儿们依然还是按照长期以来的惯例，选择放弃继承权。家产起到了给老人的老年生活提供保障的作用。父母一方期待子女为自己养老，子女一方也准备为父母养老。

大约从 20 世纪 60 年代开始，继承规范与照护规范之间的关系出现了扭曲。以前谁养老谁继承，多孝敬多继承是理所当然的，但是现在这一做法行不通了。对于这样的变化，负担照护的一方产生了不满情绪。后来，在遗产继承问题上开始实施“贡献度继承制度”。

贡献度继承制度的出台是在 1980 年，起因于当时集中发生的几起诉讼事件。针对继承法中平等继承的规定，那些尽心尽力赡养父母的子女提出诉讼：“最努力地照顾父母的是我，凭什么要和其他人平均分配遗产？”独自承担所有照护责任的子女，在继承遗产时却要和其他继承人平分的做法其实是不公平的，这一制度就是为了纠正这样的不公平。但是，这一制度只保障做出相应贡献的法定继承人的权利，由于法定继承人只限于有血缘关系的亲属，所以只有女儿或儿子可以受到这一制度的保护，儿媳再一次被排除在保障之外。

曾经在我的教学研讨班上，有一位研究生以“从贡献度继承制度看战后家庭规范的演变”为题完成了他的硕士论文。这篇论文揭示了以下内容：面对照护父母的责任，一家之中的老二或老三会请大嫂来承担，理由是作为长媳理应承担相应的责任。如果他们的选择是出于传统的维护家庭规范的意识，那么“既然大哥大嫂承担了全部照护的责任”，理应“由大哥大嫂来继承所有的房屋家产”。然而事情并没有这样发展下去。一旦父母去世，他们的态度便立马转变，摇身一变成为战后的民主斗士，开始主张平等的继承权。这种前后矛盾的做法，绝不是什么观念传统或是思想封建使然。他们是彻头彻尾的机会主义者。只要是与自己的利益相关，他们就会动员一切可利用的说辞。

这些机会主义者抛出的所谓“长媳”的说辞，为什么能够冠冕堂皇地让长子的妻子屈从呢？一般来说，会遵守这些所谓规范的大都是实诚认真的老实人。在她们认真实诚的背后，是一种好孩子意识在作祟。她们不希望被人在背后指指点点，希望做个好儿媳可以得到称赞。她们不是败给了周围的压力，而是被自己的规范意识束缚。她们的敌人不是婆婆，不是小姑子，而是她们自身的“好媳妇”意识。如果周围人都说，“公婆和自己的父母一样，要好生照料”，而且你自己也认可这些所谓的规范，准备接受照护公婆的工作，那么请先做好以下的准备。

首先，与要照顾的公婆签一份收养协议。

这一做法类似于战前的惯例，嫁入某家就意味着成为这家的女儿。因此，女子在和丈夫进行三三九度的交杯酒仪式前，先要和公婆签订亲子协议，这才是婚姻的仪礼。成为妻子也就意味着成为这一家的家庭成员，正因如此，正妻的地位是高贵的，即使丧夫成了寡妇也不能被随意赶出婆家。也正是因为这个，在日本，妻子虽说是“外人”，但嫁到婆家后往往可以代表婆家处理事务。然而，这些习惯法中的权利不受现代法律的保护。妻子与丈夫的婚姻关系的成立，并不会保证与公婆间的亲子关系也成立。因此，妻子若要成为公婆的正式继承人，有必要先签订协议确认亲子关系。所以，在接手照护工作之前，要先成为继承人。

第二，如果要承担起照护的责任，要请其他的兄弟姐妹同意放弃他们的继承权。

只要先签订这两个协议，就可以堂堂正正地履行孝顺媳妇的职责。不过，根据老人身体情况不同，也许每天的照护工作会持续二十四小时，而且无法预计照护期会持续多久，所谓的财产也不知道是多是少，没准儿到头来还是一个不划算的交易。但是，公婆终究是“外人”，是无法靠爱来支撑长时间的照护重任的，因此，要承担照护的责任，签订协议也是一个明确相互责权的过程。

其实谁都知道长子给父母养老就是一个冠冕堂皇的说辞，实际的照护工作是由长子的妻子来承担的。所以，夫妻关系的好坏就成为决定性因素。身为长子的丈夫是否对妻子的付出表示感谢也是一个重要的问题。对妻子而言，丈夫是外人，公婆更是外人的外人。妻子若是打算照顾公婆，可以告诉丈夫：“因为我爱你，所以才会为你照顾生你养你的人。可是，要是你不帮忙，不感谢我的付出，那我也不会管。”

照护背后的“好媳妇意识”

有这样一些优秀的女性，她们在护理工作中一丝不苟，从不打折扣。她们究竟是怀着怎样的心情来进行照护的呢？

都是出于爱吗？我不这么想，反而认为是“好媳妇意识”的影响。

有的时候，看着她们完成如此令人敬佩的照护工作，我对行为背后的动机疑惑不解。思考之后，我想或许是她们对自己妻子、儿媳角色的执着所致。我把这种因素驱动的照护称为“意气用事的照护”。她们越是执着于意气用事的表现，就越努力做到尽善尽美，结果往往是自己的负担越来越大。而这种“意气用事的照护”的心理根源，正是她们的“好媳妇意识”。这种意识的塑造，与其说来自周围的压力，倒不如说是来源于自身，是自己的意识绑架了自己的行为。之所以这样说，是因为我们不时会看到，有的女性在面对同样负担的长辈照护时，对待亲生父母反而不如夫家公婆那样认真投入。

但是，享受着如此“意气用事的照护”的老人们，难道真的幸福吗？好的照护，首先应该考虑最大程度地满足被照护对象的要求，而“意气用事的照护”，其好坏之标准，却是以照护者自己的意愿为首要考量的。因此，不以满足被照护者的需求，反而以满足于照护者的自我感动为目标，导致老人们被迫接受不恰当的照护，这样本末倒置的情况屡见不鲜。如此这般，对照护双方而言，都是多么的不幸。

庆幸的是，执着于这种“好媳妇意识”的女性基本已经年过六十，她们或许是日本历史上的末代贤媳了。自“团块世代”伊始，“好媳妇意识”就已经开始瓦解。正因为一直以来，“好媳妇意识”是日本家庭照护的核心支柱理念，所以它也被视作日本福利制度之敌。甚至有观点认为，这样的女人越努力，那么日本离真正的福利制度就越遥远。长媳照顾好公婆，才能体现自己的意义，这也许是那一代女性的生活方式。但是，即便如今的你还要坚守传统，也请在满足了前文所说的条件后，再去做个当代好媳妇吧。

超越家人范围的照护

家庭照护是最好的选择吗?

虽然介护保险制度已开始实施，但对多数家庭来说，往往只会在家庭成员无法顾及的场合，才会借助旁人帮助，因此家人承担的照护负担依然非常沉重。而且，这里所谓的家人，多数都是儿媳，在实际的照护工作中，原本的“外人”身份被彻底遗忘。如果说夫妻二人终其一生都是互为“外人”，那么外人的父母就更加是外人。过去在结婚时有一个仪式，夫妻双方要共饮“三三九度”酒。这一仪式其实是夫家的一种掩饰，掩饰夫家要将迎娶来的外人作为自家人时的不自然。仪式中，夫妻分三次交替饮酒，表示二人正式结为夫妻关系。而在此之前，丈夫的父母要先与嫁到自己家中的女人共同饮酒，以示双方建立起亲子关系。我的一个朋友曾经跟我说起这么一件事，她与丈夫属于事实婚姻，并没有举行仪式典礼。一次她在无意之中改口喊了“爸爸、妈妈”，事后对此无比懊恼。她说：“其实我真不该改口，就应该一直称呼叔叔、阿姨，这样就可以和他们保持适当的距离。如今话已出口，便不好再改回去了……”

重新回到家人照护的话题。如果说父母对子女有养育之恩，或是说子女对家长有自然之爱，那么，在照护老人的问题上，比起儿媳这个外人，一脉相承的儿子更加责无旁贷。然而，在介护保险法即将实施之际，时任自民党政调会长的亀井静香的一番话给这一制度泼了冷水，他说在老年人的照护问题上要依靠“孩子照护父母的美好家风”。不知亀井是否会因为照护自己的父母而向国会提出申请“照护休假”呢？如果能做到，那他真的堪称“为人子之楷模”。此前厚生省曾经发布过一张“不育儿的男人，不配做父亲”的宣传海报，樋口惠子模仿这张海报，提出了“不照护父母的男人，不配做儿子”的口号。并且，樋口惠子更进一步地提出主张，要求将照护休假的取得资格限定在与被照护者有血缘关系的家庭成员范围内。如此一来，儿媳就可以被排除在有资格休假的人员范围之外。当然，若想让儿媳也有资格取得照护休假，公婆可以采取确立与儿媳的亲子关系的方法。因为根据现行的民法，女性并不会因为结婚而自动与对方的父母构成亲子关系。要构成亲子关系，必须通过另外的程序和协议。当亲子关系正式成立，儿媳便拥有了财产的继承权。所以，身为儿媳，在接手照护公婆的工作之前，最好先和他们签好亲子协议。

在实际的家庭照护过程中，我们经常会听到亲历者感慨“还是外人照护得好”。这样的评价不仅是针对照护中的虐待现象而言，还包括家庭成员的照护水平不够专业的问题。经常有观点指出，当子女在照顾自己的父母时，看到曾经坚强有力的父母变得弱小无力，在心理上难以接受。看到父母越来越不“中用”，无法做到看似简单的事情，子女的语言会越来越粗暴。事后，他们会为自己的态度感到懊恼，想着如果父母从来就是这样的无力的话，或许自己能做到温柔以待。如果父母在威武有力时有过虐待子女的行为，此时子女的心中会更加无奈。面对着眼前不再强大的父母，回想过去，看看现在，多少怨念愁绪涌上心头，而自己却什么都不能做。亲子关系的维系并不能只靠爱。即使是为人父母，有时都会对自己的孩子心生怨念；在处于弱势地位的孩子看来，无论父母是出于怎样美好的初衷，他们当初的那些做法都无异于一种压迫。

母亲临终时，我在病榻前照顾。那时的我已知道眼前的这个人即将不久于人世，但还是难以控制自己，忍不住向她抱怨当初如何待我。在一个与世隔绝的空间，只有我和她两个人，我知道眼前这个卧床不起的人已无处逃脱，还对她说出那样的话——这是多么卑劣的行为。因此，每当我听到“家庭照护”这个说法，那段记忆便如芒刺背一般提醒着我。

当强者与弱者的力量关系发生逆转时……如果有人还没有意识到在家庭照护中可能存在着的黑暗，那可真是“乐天派”了。

如何选择——“别扭的共同生活”与“无奈的分开居住”

介护保险实施以来，人们的评价总体上是积极的。与设计这一制度的初衷一致，对中产阶级护理一代来说，如果家中老人是需要中等程度护理的，照护的负担明显减轻。而这一制度的消极影响也如设计时预想的一样，波及位于两个极端的人群，即照护程度较轻的和认定外老龄人口，以及需要重度照护的老年人，此外低收入人群的照护负担也未能得到很好的解决。事实上，各地的自治体如果能够作为保险事业主体，实施一些弹性政策，就可以较好地吸收此项制度的弊端，很大程度上缓解居民的担心和不满。尽管这一制度还存在着一些问题，但是其中体现的福利观念的改变，即“从措施到合同”“从恩惠到福利”，是非常大的变化。

迄今为止，所谓的日本型福利其实是将家庭成员作为一种资本，基本依靠（家庭的）自助努力来实现的，而为此买单的是家庭中的女性成员。另一方面，公共的福利措施制度是给缺乏自助能力的人提供保障。因此，享受公共福利就表明不具备自助能力。所以在大家的观念中，福利是一种恩惠，享受福利是可耻的。

话说回来，半数以上日本的普通民众在照护问题上处于可以自助与需要公（共援）助的中间地带。多数家庭虽然无法实现百分百的自助，但或多或少能够自己克服一些困难，没有发展到需要接受相关福利救助措施的地步。相关数据显示，在与年迈父母一起居住的三世同堂的家庭中，中等收入阶层的比例较高，经济状况处于上层或下层的比例较低。也就是说，与父母分开居住的人群分两种情况，一种是不具备一定的经济条件，“不得已”与父母分开居住；另一种则是高收入人群，具备足够的经济条件，可以“选择性地”与父母分开居住。而处于两者之间的非富非贫的所谓中等收入阶层，虽然不忍心对父母不管不顾，但是经济实力不足以支持两个家庭，只能“不得已”地选择与父母共同生活。就算不去观察天皇的家庭我们也明白，如果一个家庭真正富足，那么既不会出现婆媳争夺厨房控制权的情况，也不会存在儿媳照护公婆的可能性。经济有实力的家长会选择独自居住，请保姆照顾，而不是心怀芥蒂地与儿子一家共同生活。

老年人福利政策的历史表明，一线工作的照护者的意志推动着福利政策的发展。可以说，所谓的老年人福利政策其实就是希望逃避照护责任的一代人的“弃老”政策，这是一个赤裸裸的事实。对于保险中的二号被保险者，所谓中等收入阶层，正担负着照护责任的一代人，这一制度的目标旨在以公平负担为名义来减轻他们的照护负担。应该说，这一制度达到了预期的效果。

然而，政策也会带来预料之外的效果。在任何一个所谓的福利发达的国家中，老年人拥有政治实力，可以要求使福利成为一种权利。介护保险使得老年人有可能借助他人之手来享受照护，而无须向子女低头。在没有其他更好的选择的情况下，两代人不得已生活在同一屋檐下，不只是子女，就连家长一方也心有不甘。特别是在当下超老龄化趋势下，老老照护越来越普遍，同时，失去老伴的老人独自一人到子女家庭中开始共同生活的情况也非常普遍。然而，对多数的老年人来说，不得不离开自己熟悉的土地与伙伴，不得不调整自己去适应子女家庭的生活方式（按以前的说法叫作家风），都是很痛苦的。

“感谢你们邀请我和你们一起生活，但我不打算离开这里。”住在自己熟悉的家中，生活在自己熟悉的土地上，和亲密的伙伴一起安心地老去、放心地离开。介护保险的目标就是构筑起可以让老年人和子女都能放心的社区福利体系。

外人无从知晓的家庭内黑暗

2000年发生在柏崎的少女监禁事件震惊世人，外人根本无法想象在一个家庭内竟然会发生如此恐怖的事件。一位三十七岁的青年（是否还可称作青年？）诱拐了一名小学女生，将其监禁在自己家中长达九年两个月。该青年在高中毕业后一直与母亲生活在一起，二十年来始终处于无业状态。人们不禁好奇这期间他是如何生活的，据说这户人家家境殷实，母亲不仅给儿子购置了价格不菲的汽车，还负责提供一日三餐。

这些被山田昌弘称作"单身寄生族"的人是年纪二三十岁、在经济条件宽裕的父母身边啃老、度过漫长的青年时期的未婚男女。这一群体中有一些属于病理性的案例，他们从十多岁时便开始将自己关在房间里，有的人可以足不出户地生活十年、二十年。同时，这些"家里蹲"往往伴随有家庭暴力的情况。

斋藤环是《社会性家里蹲——没有终结的青春期》（PHP新书，1998年）一书的作者，我在和他见面时曾问他们怎么吃饭的。听到我的问题，斋藤颇为郑重地表示："是的，这正是症结之所在。"在这些"家里蹲"的身后，通常都有一位母亲（大多数是全职主妇）每天负责做好三餐供其享用。

这种亲子关系被称为“依赖共生[1]”，这一概念随着瘾癖研究的开展而得到普及。当第三者被卷入这种共同依赖的关系中，就会出现问题。在柏崎监禁事件中，对嫌疑人青年来说，少女就是由他随心摆布的宠物。如果青年在自己没有窗户的二楼房间中喂养的是一只兔子或是仓鼠，将自己的压力对着宠物发泄，进行蹂躏、欺侮、虐待，那么他所犯的罪行还会轻一些。然而，他发泄的对象是人。这个男青年不懂得除了他自己之外，每个人都是有人格、有感情的独立个体。

依赖共生关系需要有两个当事者。即使遭受到暴力，健康的成年人也会在自己的意志下逃离暴力环境。在柏崎事件中，小女孩并不是自己做出的选择，是受害者，不是依赖共生关系中的一方。只有当事人自己选择不逃离，才构成依赖共生关系。现在，这种依赖他人的依赖的人，或是以行动来促使对方产生依赖行为的人被称为助人者（enabler，依赖促成者），那些支持着家里蹲以及家庭暴力得以实现的母亲们就是所谓的助人者。

然而，那些无法逃脱家庭黑暗的人，有的时候并非出于自己的意志而被困其中。他们或许年纪幼小，或许身有残障，或许年迈卧床，对他们来说，这绝不是依赖共生，而是纯粹的虐待。此时，家变成地狱，等待着他们的是来自比自

1　日语称“共依存”，又称“共同依赖”“共生”“交互依赖”“关怀强迫症”“拖累症”“关系成瘾症”，意思是“依赖别人对自己的依赖”。

己强大的人的蹂躏、折磨、凌辱的每一天。

对被监禁的少女而言，那个没有窗户的二楼房间就是名符其实的“牢狱”。一想到她被剥夺了人格尊严，在那里度过九年青春期，我的心中就充满痛苦。我真心地祈愿，能像心理创伤治疗专家斋藤学所说那样：“无论多大年纪，无论从什么时间点开始，人都能够获得重生。”

对弱者来说，家是旁人视线无法企及的地方，家里的一间密室或许比街头更为危险。家庭的神话已经破灭，我们不愿面对的现实终于出现在我们眼前。龟井静香主张的“孩子照护父母的美好家风”，可能就与家族地狱和照护虐待相伴随行。此时，我们还要坚持不让陌生人进入自己的家庭吗？

介护保险使得第三方视角有机会进入需要照护的老年人家中。“柏崎之家”在任何地方都可能存在，也许就在你的身边。当家庭暗黑这个“潘多拉之盒”被打开，究竟还会发生些什么呢？想想不禁让人心生恐惧。

家务劳动为何如此廉价？

有意见指出，在介护保险法制度下，厚生劳动省最初设定的居家服务的指导价格可能会抑制家政服务员的工资处于较低水平。事态发展果然如此。

为什么家务劳动如此廉价呢？

一直以来，家务活原本就是女性无偿付出的劳动。因此，在用户看来，家政服务应该是可以免费得到的。这是造成廉价的理由之一。此外，家务劳动被视为非熟练工作，人们普遍认为家政服务不需特定的技能训练，“只要是个女的就会做家务”，只要愿意做，无论什么人都可以胜任，这是家务劳动廉价的另一个理由。在家务劳动价格战中，如果有愿意“免费劳动”的竞争对手，那我们再怎么努力也于事无补。换言之，只要有人愿意免费承担，那么家务劳动的市场价格就不可能提高。

同时，社区开展的有偿志愿服务或是有志者市民服务很可能陷入另外一个陷阱。他们考虑到使用者的经济状况，自发地将服务价格设定在较低的水平。我对九州的生协、绿色合作联盟的福利工人合作社（工人合作组织，是一种“市民事业体”[1]，在第四章详细说明）进行了调查。这个组织将服务的起始价格设定为每小时七百日元，从中扣除一百日元（所谓的仅扣除）作为事务局经费，工人到手的时薪仅为六百元，甚至比当时九州地区的最低工资六百三十元还要低。

如此一来，难怪人们会纠结是去做福利工作，还是去兼职打工。需要快速赚钱的人不会选择福利工作，但是，福利工作具有的“有益于他人”的自豪感可以弥补工资低的缺憾。因此，来自富裕阶层的女性会被吸引而来，换言之，家庭收入有保障的全职主妇们会选择福利工作，她们工作并不是为

1　译注：市民事业体相当于我国的民办非企业单位。

谋求眼前的收入。这一阶层的女性接受工作时会以“不影响到自家家务”为前提，并且会注意将收入控制在“最低缴税额度之内”。福利工人合作社中极少有单身或离婚人士。

这样的工作方式不仅被冠以“廉价的地方福利”的恶名，同时还存在着另外一个严重的问题，它破坏了福利工作的市场价格。虽然这些女性无须通过劳动养活自己，但是她们出于善意付出的低工资劳动，事实上降低了人们对这份工作的评价，而且还可能会拖了打算认真工作的人的后腿。只有在劳动获得了应有的评价与报酬时，从事这种劳动的人才能真正为自己的工作感到自豪。

话虽如此，按照近来日本的发展，这样的观点有可能变成空中楼阁，让我心生寒意。因为这样的价值判断是建立在以日本国内的劳动力市场为前提的基础上的。当外国劳动力作为家政劳动的提供者大量涌入日本，他们出于语言能力与资格问题，或许很难从事照护工作，但是可以担任保姆或从事家政服务。他们肯定会以低于地区最低工资的价格进入市场，这样，便会在瞬间破坏家务劳动的价格。这已经不是事不关己的事态了。如今在菲佣的帮助下，中国香港和新加坡的职业女性全身心地投入自己的工作，毫无后顾之忧。换言之，中产阶级的女性获得的“解放”，可能是建立在对外国人或是更低阶层的女性压榨的基础之上的。

日本拥有世界上最为严格的出入境管理法，虽不能断定这是否为一件幸事，但是在这一制度的保护下，目前日本的福利劳动力市场还未受到价格破坏的打击。但是，只要人们的观念不改，还认为“只要是女人就可以做到”，那么，无论承担劳动的是外国人还是日本人，家务劳动还远远没有得到正当的评价。

我曾经这样写道：“为什么生儿育女以及养老送终的劳动（再生产劳动）会被置于所有劳动中的最底层？（中略）这一课题什么时候得到解决，女性主义的课题什么时候才会消失。”（上野千鹤子著《家父长制与资本制——马克思主义女性主义的地平线》，岩波书店，1990 年）

临终只能由家人来照顾吗?

一位朋友给我讲述了她的好友离世前的一段经历。她的这位好友终身未婚，死于癌症。在好友临终之际，朋友前往探望，然而自称“亲戚”的人却站出来对她说，“接下来就是我们家人的事情，您请离开吧”，将我的这位朋友从病房赶了出来。讲述时她无法抑制自己愤怒的情绪。这个所谓“亲戚”只是好友的妹夫，之前和好友都基本没有什么来往，并不亲近。

我的这位朋友与她的好友在晚年时关系十分亲近，两人在生活方式和感受方面有很多共鸣，曾经互相分享了许多的经历与感情。然而，在她临终之际，这样的一位挚友被排除在外，取而代之的是所谓的“亲人”来对死者行使权利。我的这位朋友对此事的遗憾溢于言表，“对她来说，比起那些所谓的亲人，或许我能陪在身边会更好”。

女诗人、女作家梅·萨藤（May Sarton）的作品是为数不多的值得成年女性阅读的作品。她拥有固定的粉丝群，离世时八十三岁，她的作品中有几部已被翻译成日语并由美铃书房出版。

其中一本名为《大决战之时》（美铃书房，1998年），描写了一位独居的高龄女性在癌症晚期的经历。与大多数故事的主人公一样，本书的主角也是一位离婚女性，有一个女儿，不住在一起。当她意识到自己已时日无多时，开始在脑海中思考临终时最想见的人。在自问自答的过程中，主人公意识到自己最想见的并不是家人。此时出现在她脑海中的都是年轻时就和自己在一起的女性朋友，她们曾和自己一起分享过经历与感情。当好友们听说她已是癌症晚期，恨不得立刻赶来陪伴在身边，但是主人公一直没让好友们来访。直到她认为是时候和朋友们告别了，选择在自己精力尚好的一天，邀请好友们前来，一起度过了宁静祥和的一天。之后，好友们带着万千思绪离去。

癌症的病痛渐渐将她吞没，主人公需要非常努力才能够保持意识清醒，这时她才让女儿回来陪在身边。但此时的她已经不愿见任何人，包括女儿在内。她不希望有人来打扰自己离世前的静谧，即使是自己的女儿。看到病榻上的母亲，女儿悲痛哭喊，心情郁郁寡欢。女儿不愿意进入病房，而是选择在楼下为母亲唱歌。如果换一个场景，这段小插曲或许会是母女间情感交流的高潮，然而对癌症末期意识已模糊不清的主人公而言，并不愿面对这种互不交流的体验。弥留之际的主人公并不需要这些，女儿只是在强行推销自己的“爱”，并深陷于这种情绪之中。

亲人们认为“如果不这样，就于心不忍”。可是在即将离世的人看来，应该以怎样的宽大胸襟来接受亲人们强行推销的“爱”呢？“真的是为了我好吗？这些都是你们自我满足的想法吧……”，垂死之人气息奄奄地躺在病床上，却只能忍气吞声。

“如果不这样，就于心不忍”，仔细想来，很多所谓家人的关爱都建立在这样的想法之上。在“爱”的信念下，妻子给工作归来的丈夫准备好热腾腾的饭菜。支撑妻子一直努力的原因是希望成为别人口中的“贤惠妻子”，是妻子的自我满足。事实上有些丈夫对妻子这样的付出并不买账。不仅如此，做妻子的会以受害者自居，认为自己作为妻子行动受到了限制。与此同时，做丈夫的也认为自己因此受到束缚，无法自由行动，非但不感谢，甚至日后还会牢骚满腹。到头来，妻子的一心付出只落得丈夫的不满，“是你自己非要这么做的，不做你就意难平”。

明明是你限制了自己的自由，还要去剥夺对方的自由。或许这时，家人之间真正想说的是：“你到底想要我怎么做？”

第三章

介护保险改变／社会

介护保险是一场家庭革命

我相信，介护保险是一场家庭革命。“革命”是一个非常有力量的词语，意味着翻天覆地的变化。为什么要使用如此强有力的词语呢？因为介护保险的出台极大地改变了人们的家庭观。正是因为所有国民都认识到了“照护不再仅仅是家庭的责任”，介护保险才得以成立。这就是照护的社会化。在实现社会化之前，照护是怎样的状态呢？在此之前，照护就只是个人层面上的问题，是“家庭的责任”。

让我来解释一下。

介护保险，顾名思义，是一种保险。所谓保险，就是一种共济事业。共济的意思就是字面所示的共同帮助。这种共济事业的原理是，无论是否有照护的负担，所有加入的人都从各自的口袋中取出钱汇总到一起，再重新分配给实际有需要的人。在当今经济不景气的时期，所有四十岁以上的国民都需要自己缴纳保险费。由于是强制加入，所以实质上相当于增税。每月近三千元的保费（在 2006 年修订后全国平均每月为四千多元）并不便宜。

为什么这样的保险能够得以推行实施呢？正是基于所有国民之间业已达成的共识——“照护不再仅仅是家庭的责任”。为了避免落人口实，用更确切的表述来说，那就是因为历史上第一次达成了一项全民性的共识，即“照护不再仅仅是家庭的责任”。和过去将照护作为家庭事务来理解的时代相比，如果这不是革命，又是什么呢？

因此，当初国会通过介护保险法时的确出乎人们的意料，想不到“那帮大叔议员居然能让这样一部法律通过”。这些被樋口惠子精准命名为“草根封建大叔”的保守议员甚至连“夫妻别姓选择制度[1]”都不愿轻易地在国会通过，居然通过了如此具有革命性的法律，这不能不让我惊讶。

1　译注：日本法律规定，同一户籍的夫妻须使用相同姓氏（与外国人结婚则不受该规定限制），一般日本女性在结婚后要改随夫姓。夫妻别姓选择制是指夫妻在结婚后可以选择使用原来姓氏的制度。这一制度在日本经过多年讨论，至今国会依然未予通过。

因此我甚至怀疑，或许是他们根本还没有意识到事情的严重性便在国会通过了该法。果然如我所料，不久之后大叔们连连大呼“不妙”。在法律准备付诸实施之际，多管闲事的自民党议员亀井静香依然试图加以阻挠。并且，在该法实施一年多后，他还在宣扬“孩子照护父母的美好家风”“恢复家庭给付”之类的言论。

以现金方式支付的介护保险金

日本的介护保险虽然是以德国的制度为蓝本的，但是德国相关制度中的“家庭给付”并没有出现在日本的介护保险制度中。审议会在法律的设计制定过程中做出决定，在日本不采用以现金支付的家庭给付方式。因此，亀井提出的“恢复家庭给付”的主张是对政治的干预，试图颠覆介护保险的理念，否定审议会在制度设计时业已确立的方针。

所谓家庭给付，是指针对照护级别为四级或五级的、需要护理程度高的老年人家庭，如果由家人进行居家照护，在不接受任何公共服务的条件下，每年对照护老人的家人支付十万元。审议会之所以在讨论过程中取消这一方案，是因为如果保留这一选项的话，就会促使有人为了获得为数不多的费用而不使用公共服务。并且，人口过疏地区的地方政府有可能以此为借口，不去努力发展基础设施建设以提供相关服务。这样一来，新的保险制度既无法改变家庭照顾的现状，又使得地方政府不会为改善现状而做出努力。因此，审议会取消了家庭给付这一选项。

最初在听到这个报道时，我曾以为是每月十万元的给付额度。如果是每月十万元的额度，那么一年就是一百二十万元，也就相当于一份兼职劳动可以获得的收入。其实，即使每月十万元，实际上也并不划算。照护级别为五级的，每月应该可获得上限为三十五万元的服务。因此，从道理上来说，如果不使用任何的公共服务，由家人进行居家照顾的情况，家人理应获得每月三十五万元的报酬。

模拟测算一下，如果每月有三十五万元，一年就可以收入四百二十万元。这样的话，也许就会有人愿意全职在家照顾老人。

不过，工作场合所谓的全职，原则上一般是每天八小时，每周休息两天，这是社会常识中的全职的概念。因此，如果照护工作是二十四小时的，应该获得三倍的报酬。四百二十万的三倍，就意味着每年有超过一千万元的收入。如此一来，也许会有人考虑全职照护老人。

实际生活中，为护理程度五级的老年人提供居家照护的人，所承担的工作内容绝对值得如此高的报酬。但是在过去，这些照护劳动一直被视而不见。龟井先生打算用每年十万元来回报这些家人付出的照护劳动，让人不禁怀疑自己的耳朵，是不是听到了什么拙劣的笑话。但是如果换个角度来思考，在龟井之流的保守派大叔们看来，家人的照护劳动就只值那个价钱。虽然已经少得可怜，但是对他们来说，这已经突破了他们的认知，过去不用花一分钱，如今却要付费购买。

税收方式还是保险方式

前面讲到，介护保险是一种保险，也就是共济事业。在介护制度的制定过程中，围绕采取税收方式还是保险方式进行了广泛的讨论。我认为采用保险方式是正确的选择。因为保险方式会产生独立的保险财源。据推算，第一年度规模将达到 4.2 万亿日元。与税收不同，保险的财源资金是指定用途资金，不能挪用。在如今税收减少、不景气的背景下，要产生 4 万亿规模的指定用途资金绝非易事。而且，仅靠介护保险无法充分满足高龄者的需求。由于这一制度一开始就设定了限额，因此，考虑到相关的周边需求，仅在照护相关行业领域内就会产生四倍于保险金额，即 16 万亿的市场。在当下不景气的背景下，介护保险在刺激挖掘大规模的市场需求方面发挥了如此重要的作用。

谈到介护保险，起源于 20 世纪 90 年代行政改革中诞生的一项政策。政策最初的出发点并不纯粹，一是为了应对医疗系统的财政崩溃，试图将医疗与照护进行分离；二是将国家责任转嫁到地方政府。于是，在各种各样的理念和冠冕堂皇的理由的包装和粉饰下，介护保险法应运而生。医疗保险的保险事业主体原本是国家，但中央政府为了将保险财政的重担转嫁给地方政府，照护就和教育事业一样，被纳入地方政府的基础行政服务的范畴，并制定方针使市町村的各级地方政府成为介护保险的保险事业主体。

或许不少人对此仍有记忆，当初在这一制度开始实施时，市町村长会曾经和中央政府产生对立。后来，中央政府以地方分权、地方主权的幌子压制了对立的局面。而在2000 年 4 月介护保险法即将付诸实施前，那位龟井议员发出了所谓的“孩子照护父母的美好家风”的言论，此时的地方自治体正在全力为该法的实施进行准备。这位龟井议员还强行政治介入，要求对于六十五岁以上的一号被保险人的保险费征收推迟半年，之后的一年半按半额征收。作为当时的自民党政调会长，显然这是他的选举对策。但也正是由于他的这些做法，引起了曾经对介护保险政策无动于衷的地方政府负责人的强烈反对，使他们团结起来。对此，“改善高龄社会女性协会”的负责人樋口惠子女士指出，执政党为了打压新制度的出台，在制度开始的半年前进行政治介入。而恰恰是这些做法改变了该政策面临的阻力局面，一举推动其付诸实施。她表示，龟井的“龟风”发言仿佛是一阵意想不到的“神风”，推动了介护保险的问世。

从措施到合约，从恩惠到权利

介护保险的基本理念是保障需要护理的当事老年人拥有使用照护服务的权利。相较于税收方式，介护保险采用保险方式的好处之一在于，介护保险使得以往的高龄者可享用的福利从政府提供的福利措施变为通过合约使用的服务，由一种自上而下的恩惠变为人人可享有的权利。福利行政模式的改变意义深远。目前，介护保险只针对老龄人口，暂时还不包括残障人士，但未来一定会集中统一管理。

介护保险制度开创了一个新时代，需要照护的人终于可以堂堂正正地成为“顾客”，这也正是这一制度运转的机制。如果使用者被认定为最高级别的需要照护程度五级护理时，每月最多可使用 35 万元的服务，个人仅需负担一成费用。使用者有权利根据自己的意志来决定如何使用 35 万元的照护服务。

在介护保险即将实施之际，有自治体的相关人士表示担忧，认为自己所在地区的民众对于让外人进入家中提供服务有抵触心理，担心即使实施该制度，使用者也非常有限。对此，我的预测是只要大家每月缴纳保险费，很快就会产生权利意识。

下面的内容我曾在很多场合讲过。我们加入医疗保险，每个月缴纳不少的保费，一旦生病，没有一个人会选择不使用医疗保险。我们每个月缴纳保费就是为了可以在生病时得到保障，是时候要行使自己的权利了。介护保险与医疗保险是同样的道理，都需要缴费参保。因此，只要再稍加时日，所有参保人员都会认识到必要时可以行使权利。很少有人只缴费而不使用权利。在不久的将来，老年人们将会更加光明正大地行使自己的权利。

一直以来，不少人都不愿意外人进入自己的家中。相信这些人也会在短时间内改变观念。每个月要从自己的钱包中拿出将近三千日元缴纳保费，如果一个家庭中有四人年龄超过四十岁，那这个家庭每月的保费支出就超过一万元。或许不少人会认为，缴纳那么多保费，却得不到一丝回报，太愚蠢了。但是我认为，缴纳了保费的保险人们很快就会树立起“照护不是恩惠而是权利”的观念。事实证明我的预测是正确的。

在指定保险使用的监护人时，尽管有监护人制度，但是建议最好不要指定家人来作为保险人出现老年痴呆，失去判断力时的监护人。因为，在涉及照护负担和继承的相关问题上，保险使用人与其家人之间存在直接的利害关系，所以，可以指定信任的朋友，或是客观的第三方来做监护人，这样更利于当事人的利益。

照护不是免费的

一直以来，家庭照护都是不被看到的劳动，是依靠着女性的无偿劳动支撑着的。亀井宣扬“子女照护父母的美好家风”，无非就是希望这样的家庭照护能够在未来得以延续。幸而有介护保险出台，推动着照护劳动的社会化终于迈出了第一步。

不过，专业人士的照护服务与家人的照护，孰优孰劣？很多人认为“当然是家人的照护好”。同时也有人表示，虽然想借助外力，但是由于家里老人不愿意接受家人之外的人来护理，感叹很难使用外部专业的照护服务。

然而，家庭照护的质量未必优于外部的专业人士提供的照护。首先，如果一个家庭初次面对老人照护，所有人都是外行。其次，过去让儿媳来负责照护老人的固有观念，在当下已不再可行。

曾经有一位受儿媳照护的老人告诉我说：“儿媳照顾得很好，不过我觉得每次受到她的照顾都要说‘对不住，谢谢你’，实在有些难为情。”夫妻本就是互为外人，外人的父母就更是外人。受到外人的关照，说句感谢很自然，可是老人一直以来都没有对儿媳表示过感谢。老年人之所以认为家庭照护好，或许正是老人的自尊心在起作用，家庭照护让他们能够心安理得，而受到陌生人的照护会让他们心理上有抵触。但是这样的想法也已经行不通了。

虽然日本女性大多性格温柔，具有很强的责任心，很少有人会放弃照护责任，但是她们还是难以接受自己的努力不能获得感谢。她们表示，不会推卸照顾老人的责任，但同时希望能够得到老人的感谢。渐渐地，公婆们终于开始向儿媳表达感谢。

照护服务出台后，人们的意识发生了很大的变化。大家认识到如果需要获得照护服务，就要付出相应的代价。人们发现，过去这些工作都是女性在无偿承担，如今请人来做都是要付费的。

在说出“谢谢”时，接受照护的老人就已经心生亏欠。人际交往中，如果双方有来有往，则互不亏欠。但如果只有一方单方面接受，无论是收到物品，还是接受服务，接受方必定会产生亏欠心理。此时，金钱就是最适合的清还债务的手段。日语中的“支付（支払い）”一词来源于“祓除”（おはらい）一词。人们在寺院进奉香火钱是为了祓除罪恶或洗刷污秽。也就是说，金钱具有的“祓除”功能，也就是“货币的支付功能”。当我们用金钱进行支付时，意味着“我用金钱偿还了对你的亏欠，我和你的关系就此两清”。货币具有可以随时随地清偿债权债务关系的功能。因此，服务有偿是非常重要的。

危机中飘摇的现代家庭

在当今的环境下，即使想要依靠家庭照顾，我们还需考虑，现在的家庭能否起到相应的作用？如果再深入思考，过去家庭承担的功能，如今还能一如往常地继续发挥作用吗？不要只是沉湎于怀旧情绪，思考一下，家庭是否真正履行了其应有的功能呢？

保守评论家说，女性变得任性了，母爱本能被摧毁了。可是，如果能够被摧毁，那就不是“本能”。同时，这些评论家竟然也认同，一直以来的家庭照护是以女性的隐忍为前提实现的。在此，我想请问这些评论家，你们所说的理想家庭是什么时代的、怎样的家庭？三代同堂，儿孙满屋……或许有人会用这种明治时代的大家庭来回答。可是我想提醒各位的是，那个时代人的平均寿命只有五十多岁；而且，那个时代，如果一家中有多名成年女性的话，每名女性承担的育儿或是照护的责任相应也会减轻很多。家庭负担之所以变得如此沉重，正是因为在只有夫妻与孩子的家庭中，所有一切的家务重担都压到了家中唯一的一位成年女性身上。

这样的家庭正是家庭社会学中所说的“现代家庭”。经验证明，这种家庭应对危机的能力非常脆弱。当出现病人、残障人士或是卧床老人时，这样的家庭能否团结起来，发挥力量来应对危机呢？在大多数人的脑海中，所谓家庭也许还停留在由一家之长带领着所有的成员克服外敌困难的“大草原上的小房子[1]”的模式，但如今只有影像资料中才能够看到

---

1 《大草原上的小房子》是美国儿童文学作家槐尔特的作品，反映了一百多年前美国的移民生活，书中描绘了爸爸妈妈带着姐妹俩在美国西部大草原克服种种困难的生活故事。

这样的家庭。

社会学家是现实主义者，只关注最真实的现实。现实中，在危机面前，比起团结起来迎接挑战，现代家庭更可能面临的是被摧毁的命运。未被摧毁的家庭实属例外，因此才会成为人们口中的“美谈”。每一段美谈都是靠着当事人莫大的努力与偶然的幸运才得以成立的。从经验上来看，多数面临危机的家庭会以离婚告终。若想保全一个家庭，只能压制或排除家庭中的异类分子。

一位研究残疾人家庭的家庭社会学家指出，当一个身有残疾的婴儿出生，刚刚生产的母亲备受打击。此时，最应该在妻子身边给予支持的丈夫却伙同其他亲戚对妻子穷追不舍、口吐暴言。丈夫说“这样的孩子不是我的”，丈夫的父母说“我们家可不会有这样的孩子”。本来，生下残疾孩子有一半责任在丈夫，而他却采取了否认现实的态度。家人满不在乎的话语，将本就身陷困境的母亲进一步地推向深渊。

如家庭中某个成员因变故身患残疾，这种家庭的离婚率比较高。当中途出现残疾的是丈夫，若夫妻关系一直很好，那么妻子会用“爱”来撑起这个家，成就一番“美谈”。但如果夫妻关系本身就存在问题，一旦出现危机，家庭便会以此为契机而解体。反之，妻子中途遭遇残疾时的离婚率要高于丈夫出现残疾时的数据。大体来说，所谓的家庭，就像是一个火药桶，一旦有危机来临，便会使此前积攒的各种问题一下子爆发出来。

付费服务带来的“对等”关系

介护保险很大程度上调整了老年人福利的发展方向，使得老年人的福利保障从机构护理向居家照护转变。老年人可以居住在自己舒适的家中，在接受他人的照护的同时，还能拥有自立自主的生活。介护保险的问世使这一切成为可能。这里所说的“自立”是范式转换后的一个概念。

“自立”借鉴了残疾人运动中的相关概念。我起初在听到这个说法时，很是疑惑。一个24小时都需要照护的残疾人，如果离开父母家，自己租一个公寓，真的可以实现“自力更生”的生活吗？吃饭需要有人照护，排泄也需要有人照护，“还谈什么自立，这样的自立有意义吗？”然而通过了解他们的主张与行动，我对自立的理解产生了一百八十度的转变，我的思想豁然开朗。

我长期参与女性解放运动，女性运动中主张的“女性自立”具体指的是什么呢？

此时的自立，是指经济上的自立、精神上的自立以及生活上的自立，三者缺一不可，三个方面都实现了自立，才是完全的自立。其实这样的自立，男性一样无法做到。男性或许能够在经济方面自立，但在生活方面往往无法自立，在此基础上，精神上的自立就更无从谈起。不过，我所担心的是女性主义者在日复一日的呼吁自立自强的过程中，是否会患上“自律（在日语中与自立同音）神经失调症”。

女性主义者一直强调女人无所不能。男人会做的，女性都会；男人做不到的，比如怀孕、分娩，女人也可以做到。听到这些主张，我越发怀疑，这样的主张难道不是在自掘坟墓吗？就算你认为自己无所不能，但是总有一天也会老去，将来有一天也会生病，不知何时身体也会不再行动自如。等到那时，一直以为自己无所不能的你将会如何面对年华老去、举步维艰的未来？

女人所期望的难道是要“与男人同样强大”，难道是“女人无所不能”吗？我认为应该不是这样。女人柔弱，但这有什么关系？一直以来，女性追求的难道不应该是身为弱者也可以得到尊重的权利吗？“我没你强大，也没你有经济实力，打起架来可能会输。但是，就因为这些，我就得听命于你吗？”这才是女性主义者应该有的主张。想到这里，我豁然开朗，顿悟了残疾人自立运动所追求的“自立”的含义。

做自己想做的事，去自己想去的地方，想起床时就起，想睡觉时就睡。他们离开了家后，在照护者的帮助下终于实现了自立。不可思议的是，阻挡在残疾人自立前面的不是别人，正是他们的家人。家人们总是以家长的口吻充满温情地说：“我比你更了解你，我知道什么对你最合适，我会替你做出判断。”如果不把这样的家人推开，他们就无法实现“自立”。

本来，残疾人自立运动的目标就是让父母放手，他们想要告诉父母，“爸爸，妈妈，请放心地离开吧，就算你们不在了，我一样可以在别人的帮助下好好生活”，但是家长却成为运动的阻挠者。放在过去，身有残疾就意味着将来被父母杀死。过去，有残疾人的家庭承受着沉重的负担与压力，孤立无援。所以那时的家长会不放心抛下残疾孩子独自生活，选择在“死的时候拉上你一起做伴”。如今，残疾人自立运动就是在向这些父母证明，“你们可以放心地先离开，将来我会跟你们相会”。

为残疾人提供照护的并不全是志愿者，有些照护者是接受报酬的。虽然照护者与自立生活的残疾人之间是照护与被照护的关系，但是，残疾人并不需要因为得到了照护者的帮助，就要服从照护者的安排，照护者也没有理由代替残疾人做出决定。为了能够建立这样的对等关系，可以借助有偿服务的机制。介护保险实施后，2005 年残疾人自立支援法成立，建立起“支持费制度”，进一步为残疾人自立生活的理念做了背书。

莫留良田与儿孙

介护保险制度刚出台时有各种各样的反对意见。有意见认为部分老年人经济上处于弱势地位，无法承受服务使用费 10% 的个人负担部分。的确，有些老年人退休金很低，有的甚至没有退休金。针对这些免缴介护保险费的低收入人群，负责保险业务的地方政府应该采取单独的措施给予解决。

但是，老年人真的很贫穷吗?

的确，过去老年和贫困总是联系在一起。但是，现在我们通过各种各样的数据了解到，今后的老年人未必贫困。

按年金制度来说，现在日本六七十岁的老人，特别是作为雇员工作时间较长的男性，可能是日本最幸运的一代人。因为在他们工作时，年金制度还没有受到经济形势的影响，这代人可以领取到足以维持生计的养老金。他们也许是日本第一代也是最后一代可以充分享受年金制度的人。而现在八十多岁的老人，年金制度开始实施时，他们年事已高，多数老人缴纳保费的时间不够长，额度不够高，因此可以领取的养老金数额一般都比较低。与此相对，现在不到五十[1]多岁的这一代人，特别是我所属的团块世代，未来的年金财政已经出现动摇。他们开始领取养老金的时间会变得更晚，可领取的额度也会减少。从今往后，想要只靠养老金来维持老后生活将会变得困难，老年人需要通过别的方式另外获得一定的现金收入。

要想了解老年人的经济实力，不能只看每月收入。在经济学中用流量与存量来考量经济实力，其中流量指的是收入，存量意味着资产。从流量来看，女性与老年人或许是

1　编者注：原书在日本初版时间为2008年。

贫穷的。但是，从存量来看，就会发现情况未必如此。根据“改善高龄社会女性协会”进行的独立调查显示，多达62.9% 的受访者表示自己名下拥有资产。究其原因，是因为丈夫先于妻子离世。因为按照现在民法的规定，丈夫离世后，半数遗产自动归妻子所有。而在那些现金流少的老年人中，有的人虽然坐拥土地资产，却依然过着极度节俭的生活。他们当中有的人拥有数以千万计的土地资产，但这些资产只能无声无息地闲置在那里。也就是说，如果他们能将资产变现，用经济学的术语表示就是，只要将存量转化为流量，就可以拥有足够的财力，保障自己在生前享有十二分的照护服务。

实现这一目标的前提条件是，老人要在自己有生之年花掉自己名下的所有资产，然后离开这个世界，也就是所谓的“莫留良田与儿孙”。老人可以告诉自己的孩子：“我不会留给你任何财产。作为回报，我也不给你添麻烦，不用你照顾。”只要老年人愿意将自己名下的资产悉数用尽，就算是女性，相信也有不少人拥有足够的财力可以负担有生之年的照护服务使用费，无论是保险内负担的项目，还是保险外的个人负担项目。

站在孩子的立场上来看，哪种方式更好呢？如果家长对你说“我把财产留给你，所以拜托你来照顾我的晚年生活”，你会开心地担负起照顾他们的责任吗？面临这个终极的选择，子女会如何选择呢？在未来的时代，家长仅凭着聊胜于无的资产，能和子女展开较量吗？

以上提到的这种将存量转化为流量的做法叫作“反向抵押融资”，东京都武藏野市自治体最早将这一做法引入日本，因此这种做法也被称作“武藏野式”。这里因为拥有日本最先进的高龄者福利保障而闻名全国，或许有些市民选择搬到这里生活正是因为这些优越的福利措施。

今后，居民将会自主选择居住城市。特别是首都圈的居民，他们对于自己的居住地没有忠诚心或依恋感，往往会选择更加宜居的、服务更好的地方居住。最可能选择搬迁的是正在抚养新生儿的年轻的双职工家庭，他们需要为自己的宝宝寻找托儿服务。新宿区是首都拥有最好的零岁新生儿保育设施的地区。虽然位于市中心，看似不太宜居，且房租昂贵，但是那些为了孩子不惜如“孟母”一般三迁的妈妈也愿意搬到这里。对自治体来说，如果想吸引育龄夫妻迁入，最好且快速有效的做法就是充实完善零岁儿童保育设施。同样，要想吸引老年人的话，也是相同的思路。

最近我听到的关于反向抵押融资情况令人震惊：在首都圈内，公寓无法用作抵押担保。除了拥有土地所有权的房屋外，其他房产均不可用作抵押担保。也就是说，公寓的资产价值正在下跌，正趋向于贫民窟化。

具体来说，反向抵押融资是由市政当局等公共团体与老人签订合同，以老人现在居住的土地作为担保，为老人在有生之年提供充足的照料。如果老人的寿命超过了担保的价值，有的机构会负责继续提供照护直至老人离世，有的机构会在老人离世后清算资产余额。

那些身边没有亲人、子女的老人，有的会选择将剩余的资产捐赠给自治体，以表示对一直以来受到照顾的感谢。在NPO机构为老人提供照护服务的过程中，有些老人会和机构工作人员建立起胜似亲人般的信赖关系。据说有的老人将自己的银行存折和印章交给机构人员代为保管，还有老人对机构人员说："我没有继承人，我把财产留给你们。请你们今后继续支持照顾其他老年人。"

照护行业的发展不仅意味着流动资产市场的成长，公共团体以及民间业者还有机会通过获得捐赠增加固定资产。自治体可以通过积极地为高龄人士提供支援，推动固定资产的增加。待街角某处的普通民宅转为自治体或是NPO的资产后，只需稍加改造，就可以将其打造成为集会场所、日间服务机构，或是打造成儿童托管所，方便为放学后的孩童提供丰富的课后活动，而无须营建新的场馆设施。

根据介护保险法规定，日间服务的定员标准从过去的四十人调整到现在的八人。从社会学角度来看，八人是非常恰当的人数。社会学的小群体研究发现，根据经验，在一个群体中，能够维持面对面关系的人数上限为十五人，超过十五人一般就会倾向于分解为两个群体。十六人分解为两个集体正好是八人，因此八人是建立面对面关系的最理想的规模。

即使在战前，一个大家庭也未必达到十人、十一人的规模。平均来看，一个家庭为七至八人。八人恰好相当于一个大家庭的规模，因此，无须准备特别大型的设施或设备。一般来说，稍宽敞的民宅，只要进行一些无障碍设施的改造就可以充分满足使用需求。

如此一来，这些坐落于街区四处的民宅可以化身成为公共设施，经过改造成为公民馆、社区中心或是集会场所。今后，随着离婚率的上升，单亲家庭的数量也会增加。独居老人家庭的数量也将增加。如果能让我们的每一个街角都建成“居民之家”，让这些老人、年轻人、残疾人可以聚集到一起，该有多好。

#『选择缘』社群

什么是“地域”

日语中的“地域”一词，其中“地”表示土地，所以容易让人联想到相邻相近的共同体；现在的“地域”一词所指的范围更为广泛，本书中所使用的“地域”概念，不同于此前一直使用的含义，表示具有很强的选择性的社群。我把这个意义上的“地域”称为“选择缘”社群。

在社会学中，“community”曾经被译作“共同体”。既然称为“体”，似乎就存在着某种实体集团。典型的代表如村落共同体或地域共同体。

村落共同体具有非常强烈的共同性。首先，村落是人们维持生计的共同体，所有成员从事着相同的农业工作。无论插秧还是收割，如果大家不共同工作就无法生存。因此人与人的联系是紧密且坚固的。所以他们会排除外人，制裁不合群的异己者。这就是所谓的村庄。但是现在，当我们环顾周围的邻居时，已经没有人与邻居共同进行生计活动，原来村落的共同性已经不复存在。每一天，每一个人从各自的家离开，前往各不相同的目的地。

当我们思考邻居的作用时还会发现，一直以来，地域共同体不仅具有相互帮助扶持的作用，同时还发挥着相互监视、干涉、制约的作用。在二战期间,“邻组”[1]就是一种相互监视的装置，“町内”或是“村庄”也是这样的装置。在这里，优秀的人被拖后腿或倒霉的人被落井下石的情况时有发生。直到现在，当人们谈论起职场氛围时还会用村庄来比喻职场中紧张约束的气氛。亲戚共同体也是类似的作用。虽然亲戚之间口头上都说互帮互助，但实际上遇到困难时，所谓亲戚真的会伸出援手或出钱相助吗？他们只会干涉，却帮不上忙……过去的这些“共同体”在多数人的脑海中都是负面消极的印象。

想想看，人们不顾一切地向往大城市，不正是为了逃离

1 邻组是二战期间日本为加强对国民的控制而建立的地区组织。

这样的共同体吗？过去，人们被彻头彻尾地卷入无所不包的共同体之中，在这样的共同体中毫无隐私可言，人们连隔壁人家的米缸里有多少米都一清二楚。可是，这样的共同体关系在当下的社区内已不复存在。有人感叹于从未与公寓中的邻居打过招呼。但即便如此，人们也绝不想重新回到过去那种封闭的、统合的共同体之中。

在一个封闭的社区，如果某天你深夜回家，第二天一早就会被隔壁的大妈抖搂出来："你们小纱，昨天回来都后半夜了吧。"夫妻吵架的内容也不是秘密。人们从这样令人窒息的共同体逃离出来，创造出都市空间。虽然都市化被认为是万恶之源，但都市正是按照人们的期待创造出来的空间。为了不再与话不投机的人维系关系，人们构建开放自由的集团，这就是现在所谓的都市。即使有人想要回到过去也是不可能的。我们不能对过去那种地域共同体再抱有期待。

英语中的community一词原本只有共同体的意思（common，commune+ity）。拥有某种共通点的人的集团就是共同体，并不需要固定地生活在某个相同地方。有人出于对"共同体"所具有的实体性群体的意思的抵触，将其译为"共同态"或"共同性"。例如academic community或guy community，通过这些概念或许比较好理解这样的含义。academic community就是学者的共同体，即学术界。guy community则是通过一些专门杂志、活动或是出入于新宿二丁目之类的场所而联系在一起的人们的集团。最近还有网络上的 internet community 等无法确定具体存在场所的虚拟共同体。

文化人类学者米山俊直试图用关系概念，而不是以往使用的村落或家庭这样的实体概念来解释社会构成的方式。他将社会集团构成用“血缘”“地缘”“社缘”三个缘进行分类。其中“社缘”中的“社”是“结社”的“社”，并非日语中“会社（公司）”中的“社”。不过，现实中还存在着一种无法包含在以上三种关系内的第四种人际关系。血缘与地缘是随着人的出生就产生的人际关系，而社缘则是人为构成的关系，如学校、公司等。仔细想来，这三种关系是无法摆脱、无法隐匿的关系。即使是社缘这样的人为关系，也会具有某种强制力，一旦脱离后就无法生活下去。不上学之所以成为问题，也是因为学校制度本身具有这种强制力，不上学就等同于失去未来。从这一点来看，血缘、地缘与社缘这三种缘（关系）共同的特点就是无法自由选择。

人们从这些不自由的人际关系中脱离出来，建立起脱离血缘、地缘、社缘的另一种人际关系，我把这种关系称为“选择缘”（选择性关系），因为这种人际关系是可以选择的。此前，我曾在进行女性集团研究中提出“女缘”的概念（上野千鹤子著《“女缘”改变世界——摆脱专业主妇身份的网络工作》，日本经济新闻社，1988 年 / 增补；新版《活在“女缘”中的女人们》，岩波现代文库，2008 年）。在城市化进程中，血缘与地缘的集团解体，女性又被排除在男性可加入的“社缘”关系之外，因此女性必须构建不属于这些关系的另外一种关系。在现在的女缘关系中，关键人物或者最初的倡导者大多是因丈夫工作调动一同随任的妻子。女缘关系群体具有的功能，有些是曾经的血缘、地缘集团具有的，例如互助功能，集团成员会在紧急情况下互相帮忙照管孩子，或是帮忙打理葬礼事务等。

顺便说一下，“缘”到底是什么意思呢？我曾经在国外就我的“女缘”研究进行过演讲，当时会场配有同声传译，所以演讲时我一直竖起耳朵想听一下译员是如何翻译这个词的。那天在会场担任口译的是一位极有教养的日本女性，我非常惊讶地听到她将这个来源于佛教词语的“缘”译为“destiny 宿命”。我为她的译法感到叹服，的确，“缘”是无法选择的，就是一种宿命。

亲子缘是无法选择的。作为人子，我们在出生后看到自己的父母，或许会想，“出生在这个家庭并非我所愿，像你们这样的父母也不是我自己选择的”；作为父母，或许也会有“当初我就不该生下这样的孩子”的追悔莫及的经历。亲子关系是无法相互选择的，这就是宿命。所以，人世间最痛苦的事莫过于亲子失和。

不过，如果将缘理解为宿命，那么“选择缘”就构成一种逻辑上的自相矛盾。我想通过创造这个词语，故意制造出这样的逻辑矛盾。我希望通过这个逻辑上的矛盾来强调，这种互相选择的“选择缘”，是我们在摆脱了原有的、无法选择的“缘”（关系）之后建立起来的关系。

选择缘的特征如下。首先，这是一种可以自由加入或退出的关系。其次，相对于全面加入的关系而言，这是一种可以部分加入的关系。这样，即使在一个选择缘关系群体中出现了颜面扫地的情况，只要换到另一个选择缘关系中即可。在一个集团中的失败并不会招致整个人格被否定，避免我们在身份认同的风险管理中遭受致命性打击，这也是选择缘关系的特点之一。因此，在选择缘的集团中，女性会说出那些无法向外人言说的个人烦恼、婚外恋话题或是婆媳间的冲突争执。对女缘进行的调查显示，在一个选择缘关系中表现活跃的女性，在其他选择缘关系中也比较活跃，一人可能归属于多个选择缘的社群。并且，通过研究我们惊讶地发现，她们会管理自己归属的多个社群，做到相互之间的成员没有重合，并且注意不将自己的全部人格投入某个社群。部分归属感和高度选择性是作为市民性成熟的表现。

在今天的都市社会中，很多以社群来命名的群体其实就是选择缘群体。例如一个小小的地方城市，在当地的一万人口，或是三万人口中，能够维持良好关系的人数也就七八人左右，最多十五六人。这样的群体规模是符合社会学中的小群体理论的。我在对女缘关系的研究调查中发现，群体的平均规模为七人。比如，在同一期担任家长委员会成员的二十人左右的家长群体中，妈妈们会根据价值观、感觉和性格等来做出她们的选择（形成新的小群体）。虽然人与人之间最开始接触的契机是无法选择的，但是人们会在一定规模的群体中通过选择来构建自己的人际关系。（日语中的）“地域（社群）”一词表示各种人际关系，选择性的特征越来越显著。今天我们所说的“社群”是由多重复合的选择缘构成的共同体，不再只是依据居住场所的相近性原理建立起来的例如邻居、同住一幢公寓的简单关系。

地域性社群与共同体社群

上文提到，英语中的community一词原本只有“common”（拥有某种共同的特点）的意思，日本的地方公共团体，即自治体又在community的基本义之上赋予了“地域”的含义。在法语中，自治体叫作commune，指共同进行统治的人们的集团。

公共团体在英语中称“public body”，是为公众谋求利益的，所以用“public”。但是，今天的自治体所发挥的作用能否称得上是公众的呢？这是非常值得斟酌的。看到许多的自治体领导人的丑闻事件，总让人感觉日本的行政机构就只会假借公共之名，实为中饱私囊；罔顾公共利益，只优待开发商。现在，公共团体（指行政机构）已被中央和地方政府控制，因此我并不打算讨论公共团体是否徒有其名。

与表示公共的public相对应，民间称为private，包括家庭与私人企业。属于私领域的团体为谋求私的利益展开活动是理所当然的。一直以来，社会被一分为二，非公即私。那么，社群应该算是公还是私呢？这是一个既非私人，又非公共的领域，在这一领域中人们享有共同的价值，互相帮助，我把这样的领域称为“common”。这一词语的英语语源对应的意思相当于“入会地”，用来表示近代以前（共同体）成员可以自由使用的山林或原野。为了共同体的共同利益，人们在入会地除草、打理树木。进入近代之后，共同体所有的土地不复存在，所有土地都变成个人所有的私有地，但是山林反而变得荒芜。

相对于国家而言，这样的社群领域被称为社会或是市民领域。如果将公领域称为政府部门（官），私领域称为私有部门（民），与此相对应的common（公共）领域可以用市民部门、共同或协同部门来表示。这一部门曾经存在于前近代，消失于近代，如今再次登上历史舞台。当然，现在的市民部门与前近代是两种截然不同的存在。二者的区别在于，个人是否可以自由地参加或退出，个人是否可以选择自己归属的集团。

common是一种可以选择对方的关系，换句话说，common的性格是由参与common的成员选择的对象决定的。如果想提升自己的生活品质，只有通过选择高水准的common来实现。在common的功能中，依然具有过去血缘或地缘集团的互助功能，不同的是人们可以通过选择不同的common来改变可以得到的支持的品质。因此，为了获取更优质的支持，首先自己要考虑自己希望的common是一种什么样的性格。

由成员相互进行选择、创建的互助网络，就是市民构建起的“社群”。我们权且称之为“社群”，因为除此之外没有其他合适的词语。这个“社群”的含义不同于过去的社群，不是以前因为互为邻居所以要友好相处的社群。

现在所谓“居民参加型社群福祉”的实体就是基于这样的common组织，这一组织所实现的福祉不同于过去由政府提供的最低限度、人人公平享有的福祉。而且，这里的“居民”与“社群”也不同于地缘关系中的相关概念。反过来说，社群福祉的水平是由选择该社群的人们的约定决定的。

官、民、协的分工

据称介护保险的市场规模达四万亿日元，但是目前提供的服务显然无法满足人们的需求。因为制度就是这样设计的。如果要充分满足人们对照护服务的需求，就需要利用地方财政提供保险外的服务项目以及超过保险限额的服务项目，同时必须重新审视保险给付额度的标准。

另一方面，照护产业是一个增长型产业。在如此不景气的大背景下，一个拥有如此规模的市场正在我们眼前快速发展起来，很多组织单位都在考虑投身这一领域。

地方政府采购照护服务的供应方属于介护保险指定业者，大致可以分三类，政府部门（官）、私人部门（民）、协同部门(协)。在英语中分别对应 public、private 和 common。

“官”是指行政的外围团体，例如自治体直营的团体以及社会福祉协议会、福祉公社等。《NPO 法》(《特定非营利活动促进法》) 获得通过时，日本已经出现非官非民的所谓第三部门的公益法人，因此有人指出日本没有必要再从国外引进新的非营利组织。但是，日本的第三部门的市民事业团体与非营利组织的性质并不相同。社会福祉协议会(下文简称社协)是 100% 由政府出资、受政府监督的组织。众所周知，这里也是退休的地方官僚的栖身之所。这类团体虽然披着民间组织的外衣，但实质就是官方组织。介护保险制度开始实施时，社协曾围绕是否成为保险指定业者的问题展开讨论，局面一度十分混乱。因为，社协在此之前并没有作为经营实体承包养老服务的经验。同时，由于介护保险采用的是计件支付制度，社协必须考虑开展此项业务的成本核算问题，因此造成了社协的混乱。最后，不同地区的社协做出了不同的决定，有的成了服务提供商，有的没有参与。后来，参与提供服务的事业所经过数年的尝试，最终也决定退出照护服务行业。

这一类具有官方背景的机构由于缺乏成本控制的意识，在实际业务开展中效率很低。根据生活俱乐部生协神奈川进行推演的结果显示，以首都圈近郊的川崎市为例，川崎的民间机构提供一小时照料服务所需单价为 2700 日元，其中已包含管理经费。令人惊讶的是，政府团体即川崎市社协则需要将近 8000 日元。为什么社协的效率如此之低呢？当然是因为他们从未考虑过如何经营的问题。仅从前面的推算结果就可以得出结论，我们不能把照护服务交给如此没有效率的政府公共部门。

社协的成本如此之高，但高价格并不意味着社协照护员的工作条件优于其他机构。与其他民间机构一样，社协的照护员主要是注册的护理人员，都是按小时计酬，而且时薪也相差无几。那么，又是什么原因造成了社协的成本如此之高呢？我猜想，这其中的原因在于，社协的护理人员在一线工作时，还得承担起在社协总部喝茶打发时光的大叔们以及从自治体空降而来的理事长之流将要领取的数以千万元计的退休金的成本。自治体或社协的照护员属于长期聘用，工作条件优越，有保险与保障，但是这样的工作机会很少，即使有空缺，竞争也十分激烈。所以，与那些兼职护理员相比，工作条件待遇上的差别支持着社协的正式员工继续工作。这一点也是我们无法赞同的。事实证明，无论是政府的直营团体，还是外围团体，由政府公共部门负责提供的照护服务的效率差强人意，因此，不建议扩大这一领域的服务能力。

与“官”相对应的另一个选项是被称为“民”的市场领域。政府呼吁通过鼓励利用私营部门的活力来促进银色产业的健康发展。借介护保险法出台的东风，照护产业发展成为一个巨大的市场。政府鼓励民间企业参与，科姆逊（COMSN）、日医学馆等一些营利企业纷纷进军这一市场。

然而，我个人并不希望让营利企业参与到护理这一重要领域中来，因为照护工作的目标是保护老年人的生命和健康。举例来看，在介护保险法实施的一年前，业界第一的科姆逊公司便通过媒体大肆宣传造势，宣称“准备以‘一年赤字’的觉悟来开展业务”。而当该法付诸实施后，仅仅过了三个月，公司便决定缩小事务所规模并退出此项业务。驱动商家的是利益，不是理念。对企业来说，统合撤并亏损部门是正确的选择，但这样的选择会让曾经的服务对象无所依托。不出我所料，2007 年科姆逊的违法行为终于被曝光。

在我看来，不能让营利企业运营照护服务还有另外一个原因。照护服务产品也应该与所有产品一样，可以通过“市场淘汰原理”对产品质量进行控制，消费者可以自行做出选择，剔除劣质产品。但是，不知何故，这一原理对于照护服务产品不再有效。照护服务的市场形成已有二十多年。银色服务是建立在使用者个人承担费用的基础上的，比如超高级的私营收费老年之家或是附带有照护服务的公寓。长期关注照护问题的大熊一夫亲自卧底这一行业，他的暗访报告揭示了一个惊人的现实，“无论花多少钱，都不能确保老年人能够得到幸福的照护服务”。虽然三十多年前就开始提倡“零约束照护”，为什么市场淘汰的机制没能在银色产业中起到作用呢？为什么优质的商品并没有被用户选择呢？

解决这一问题的关键在于，是谁在使用照护服务。照护服务的使用者是需要得到照护的老年人，还是他们的家人呢？在现实当中，当老年人属于需要重度照护的级别时，或是有认知障碍的老年人在失去了自我意志决定能力时，主要都是由他们的家人代替本人来做出判断。然而，家人的利益并不总是与老年人的利益一致，往往会出现分歧。有的时候，对家人来说最好的服务就是满足他们的需求，不把老年人送回家，即便老年人在机构中受到束缚。对以营利为目的的企业来说，用户就是为服务付费的（老年人的）家人。过去的经验业已证明，当家人是在为自己的利益买单时，很难实现对老年人真正有益的照护服务。换言之，照护服务作为商品，服务的受益者与为服务付费的购买者并不总是一致。

因此，我始终认为，将照护服务这一商品交由市场是一个危险的选择。金钱（只靠金钱）买不到好服务，至少在照护市场中，价格并不能保证服务质量。银色产业市场的经验告诉我们，不是只要有钱就能够买到优质的服务。

如果照护服务的外包工作既不能委托给低效的公共部门，又不能交给不可靠的私营部门，那么剩下的就只有协同部门（协）了。“协”又可以称为市民中心或是协同中心，NPO 即民间非营利团体也属于这一范畴。由于日本出台了《NPO 法》，受此影响，一般人们多把 NPO 理解为经认证的 NPO 法人，但其实 NPO 只是表明非营利组织（Non Profit Organization），既包括法人组织，也包括非法人组织，我称其为“市民事业体”[1]。介护保险法实施第一年，从提供居家支援服务的指定业者的种类来看，NPO 占比为 1%。再加上由生活协同组合（简称生协）与农业协同组合（简称农协）之类的协同组合[2]法人，这一数值为 10%。除照护 NPO 外，还有农协妇女部组织参与提供照护服务，生协系的福利工人合作社也奋战在照护一线。此外，还有高龄者事业团之类的组织加入到照护服务中。

所谓的“市民事业体”就是不以营利为目的，由市民来承担地区的照护服务的组织团体。考虑到未来任何人都会成为照护服务的需求方，市民事业体以向老年人提供符合消费者需求的照护服务作为宗旨。在介护保险的支持下，尝试探索如何在社区范围内建立起照护服务的供需循环。介护保险法的出台为原本经营基础薄弱的市民事业体的生存创造了突破性的条件。

市民事业体是由居住在当地的居民基于自己的思考建立起来的，正因如此，才不会像营利企业那样，以无法保障收益为由就轻易地缩小规模、退出服务。他们深深地扎根在社区，比任何人都更了解居民的需求，承担起照护服务的责任，获取回报。

1　类似于我国的民办非企业单位。

2　日本的协同组织是由具有共同目的的个人或企业组成的互助组织，其中生活协同组合是由消费者共同出资、合作运营的非营利组织，农业协同组合的成员则是以农业从业者为中心组成的。

在市民事业体中负责提供照护服务的主要是中老年女性。1998 年起，我与九州地区的生协“绿色合作联盟”下属的福利工人合作社一起进行了为期三年的共同研究。根据研究的调查结果显示，大多数的工作人员是四五十岁的女性，她们都有过照顾公婆与自己的父母的经历。基于个人曾经的遗憾和痛苦回忆，合作社的成员们都感慨当初没能享受到这样的服务。她们希望在将来自己丈夫需要照护时，能得到同伴的帮助；同时，在将来自己需要照护时，更希望得到同伴的帮助，而不是依靠子女。带着这样的当事者意识和雄心壮志，各地的市民事业体如雨后春笋般发展起来。在介护保险法正式实施之前，面对现实中非常迫切的照护需求，这些组织已经开始提供相关服务；介护保险法的出台为她们的事业送来及时雨。

如果说照护是社会需要的、有价值的工作，那么理应得到恰当的评价与报酬。守护老年人的生命与健康是一项责任重大、负担沉重的工作。介护保险的出台，使得过去女性在家承担的无偿劳动变成了有责任、有报酬的工作。另一个重大的变化是，在介护保险的作用下，全民终于达成共识——照护不再是免费的。

照护不能委托志愿者

我认为，照护服务也不能委托给志愿者。

在人们的传统观念中，志愿服务就是一种无偿行为。有偿志愿服务是一个非常奇怪的说法。这一说法一出现，便引发了一片反对意见。但是，无偿的志愿行动，只有那些通过其他途径可以保障生活无忧的贵族或是生活优渥的人才能够真正做到。具体实践中，所谓的有偿志愿服务机制是指社区的居民以低于当地最低工资标准的报酬来承担社会需要的但报酬有限的照护工作的机制。大多数承担这些工作的是难以进入劳动力市场的已婚妇女或老年人。他们并非生活足够殷实富足，但也无须依靠这样的工作来维系自己的生活。对他们来说，志愿服务的荣誉感是对低报酬劳动的一种补偿。

然而，即便是有偿志愿者，每个人从事志愿服务的意志也有不同。“志愿者心理”意味着志愿工作带有很强的服务社会的志向，但同时也意味着出于志愿者心理，可以不必承担责任。介护保险的出台使得照护从原来的政策恩惠转变为被服务者的权利，从福利措施转变为服务合约。合约关系一旦建立，就必须提供负责任的照护服务。并且，由于照护工作与老年人的健康与生命息息相关，因此伴随着重大的责任。如果只是以一种志愿者的心态来处理这样的工作是远远不够的，这份工作也不能以“因为是志愿者”为借口降低服务标准。

不仅如此，志愿者的存在还会产生更严重的影响。有偿志愿服务的存在有可能会破坏照护劳动的工资水平。直到今日，我们身边还有很多人一直认为照护是免费的，至今为止还有很多人依然认为“免费的东西为什么还得花钱呢？”所以，只要有人以低廉的价格提供照护服务，照护工作者的工资就不可能提升。志愿者志愿服务的意愿越强烈，就会越降低自己的劳动价值。志愿者本人出于善意提供的服务，客观上却起到了事与愿违的负面效果。

现在有一部分自治体正在积极地组织有偿志愿服务，每小时的报酬按照当地最低工资或略低于最低工资的水平收取，自治体向购买服务的人收取等额的费用，然后将这笔费用如数交给提供志愿服务的人，不扣除手续费。负责组织协调工作的通常是公务员，他们的工资来自税收。与此同时，市民事业体却只能在承担一定的经营成本的条件下提供服务，这就意味着市民事业体无法在同等条件下展开竞争。这是一种官对民的压迫。

如果不想提高使用费用，只有两个选择。

一是请有志于此的志愿者提供名副其实的无偿志愿服务，另一则是招聘有可能提供服务的外国人来从事同等条件下日本人不愿做的工作，必须从二者中选择其一。很多人早就预见到，日本在不远的将来会出现照护服务的劳动力不足问题。要想弥补劳动力的短缺，只有充分发挥女性或老年人的力量，或是引入外国劳动力。志愿者是不能指望的。政府已经开始认真考虑有计划地引进外国劳动力。继 2006 年与菲律宾政府签订协议后，2008 年又与印度尼西亚政府签订协议，吸引照护劳动者来日本的相关设施机构服务。但是，不能因为他们是外国人就可以剥削。应该根据《劳动基准法》，让外国人与日本人一样享有最低工资。在确保他们的工作条件的基础上，负责任地保证他们能够得到公正的评价与报酬。为了达到这样的目标，我认为需要有一个负责任的协调机构，既非官方，又非民间，而是由协同组织来负责。

照护是适合女性的工作

提供照护服务的以中老年女性居多，因为她们有照护的经验，有从事照护的抱负，她们在照护工作中感受到价值与意义。创办这些市民事业体的女性以自己的雄心壮志与强健的身体作为资本投身这一行业。促使她们做出选择的还有一个客观原因，就是在经济衰退的背景下，她们想工作却找不到其他可以投身的领域。

在当前的劳动力市场，四十五岁以上的人属于高龄劳动者。劳动力市场对年龄的歧视十分严重，仅仅因为简历上写着四十五岁，就连一个面试的机会都无法获得。于是，这些无处可去的女性以照护工作从业者的身份进入劳动力市场。尽管大背景如此，但介护保险创造的就业机会对女性来说还是积极的。因为，同样的工作如果是在自己家里做的话，她们就是免费付出劳动，如果是出去做就可以获取报酬，同时还能获得使用者的感谢。如果是在家中，妻子的付出被视为天经地义，免费劳动也是理所当然。不仅得不到感谢，如果不做的话还会被人在背后指指点点。这就是摆在日本女性面前的现实。

中老年女性之所以选择照护劳动，部分原因是她们除此之外别无选择，还有一部分原因在于，这项工作对女性来说门槛较低。可以说，作为一项事业，照护是一项女性容易参与的选择。这是因为，照护劳动具有以下几个方面的特征，使女性更容易参与。

第一，照护产业属于劳动密集型产业。产业形态中，除劳动密集型之外，还有资本密集型与知识密集型。资本密集型产业需要资本来进行设备投资，如果没有资本，或者说，没有钱就无法开展。知识密集型产业则需要信息、新媒体知识。相比之下，劳动密集型产业只需拥有不怕辛苦的劳动力就可以参与。妇女既没有钱，又没有技术，有的只是从事照护行业的志向与体力。因此，照护可以算是对这样“一无所有”的妇女来说很适合的行业。

第二，只要有老年人，自然就会产生对照护服务的需求。哪里有需要照顾的对象，哪里就会产生对照护服务的需求。在人口老龄化的地区，需要照护的老年人越多，照护市场的蛋糕就越大。人口过疏地区也无须担心，即便人口减少，只要有需求，就会产生相应的就业机会。作为一种商品，服务的特征之一在于，在生产出来的同时也完成了消费的过程。也就是说，与物质商品不同，服务商品不需要存放或调整库存。例如，预制菜产品的烹饪制作，要趁着有时间集中处理制作出一定数量的食品菜肴，然后在需要的时候拿出来解冻使用。与此不同，照护服务需要服务人员在老年人的身边提供服务，消费行为发生于服务生产的现场。老年人在哪里，哪里就是工作现场。因此，即便是人口过疏地区，只要老龄化程度高，只要有需要照护者，就会有照护的工作。

第三，照护工作使得女性一直以来担负着的家务、育儿和照护都成为职业行为。多数女性在填写简历时会写些什么内容呢？很多人的简介大概是这样的，某年至某年在某公司的某分公司工作，某年因自身原因离职，然后就是空白。然而，女性绝对有资格将空白部分填满，某年至某年养育患有特异性皮炎症的孩子，某年至某年同时照顾多位护理程度三级和四级的老人，等等。而且，社区活动的经验可以作为领导经历的一部分写入简历。所以这些都可以成为在照护工作的一线的职业经历。人们常说，一个从未给婴儿换过尿片的人，在照护工作现场根本派不上用场。这样一来，大多数的男性都会失去工作的资格。在照护一线，一直以来的主妇经验能够成为职业经历，这对女性来说是非常有利的。

第四，如果是女性自己创办工人合作社开展业务，不会有退休年龄的要求，不同于一般的打工人。这一点在当前年龄歧视严重的劳动力市场是非常重要的。随着年龄的增长，人的体力会出现衰弱，但每个人衰弱的程度各不相同。年纪越大，衰老程度的个体差异就越大。一位健康的老年人，无论年纪多大都可能对别人有所帮助。鉴于今后社会的少子化问题，期待年轻人成为照护劳动力具有很大的局限性，照护劳动力的短缺问题已摆在我们面前。考虑到这些因素，只能依靠健康的老年人照顾先倒下的老年人，我把这一模式称作“醉酒式照护社会”。按照常理，还没喝醉的人会照顾已经醉酒的人，此时，先喝醉的人占了先机。同样的道理，身体尚好的老年人需要照顾已经生病的老年人。在现如今的养老退休制度下，这些相对年轻且身体健康的老年人被划入靠养老金生活的人群，这是一种人力资源的浪费。从没有退休年龄限制这一点来看，照护工作解决了人力资源的浪费问题。今后，在年金制度的改革调整过程中，如果未来延迟领取养老金的年龄，降低可领取的额度，那么仅仅依靠养老金来维持正常的生活就会愈发困难。生活在未来社会的人们，在依靠养老金维持基础的日常生活的同时，还需要补充适当的现金收入来维持正常的老年生活。这样，对健康的老年人来说，照顾其他老年人同时也就意味着得到了赚取收入的机会。

综合考虑上述情况，就可以理解为什么照护工作是适合女性的工作，而且也可以理解为什么现实中许多女性都选择投身于这一领域。

使照护成为有价值、有收获、值得骄傲的工作

但是，还有一个问题不容忽视，那就是照护服务的工作条件尚不理想。2001 年，NPO 市民福利支援中心主持召开研讨会，会议的主题为“家庭护理员是社会的‘主妇’吗？”“社会的主妇”这一说法来自于“改善高龄社会女性协会”的负责人樋口惠子女士提出的“从家庭主妇到社会主妇”的说法。女性好不容易从家庭主妇的免费劳动中抽身出来，可是到社会上实际从事的工作却与在家中时没有变化，仍然要在恶劣的工作条件下进行免费劳动。所以，“社会的主妇”的说法完美地展现出女性在进入社会后从事的工作内容与在家中并没有多大的区别的现实。在这样的背景下，家庭护理员的工作待遇问题值得关注。无论是选择社会福祉协议会，还是民间企业，抑或市民事业体以及福利工人合作社，家庭护理员无论选择哪一家工作，所得到工资都不会有太大的变化，大约为每小时实得 1000 ～ 1500 日元。对一个护理员来说，既可以选择成为社协的一名员工，也可以去民间企业工作，或是加入工人合作社。

那么在这些选择当中，劳动者可以接受怎样的工作方式？如果能够满足自己对工作方式的要求，并且不被扣取中间费用，公共机构、民营机构或是协会机构中选择哪一个更适合呢？根据测算，提供一小时照护服务所需的经营

成本（包含管理经营费用在内），三类机构中效率最差的是公共机构，接下来依次是民间机构和协会机构。民间机构提供照护服务的每小时的经营成本（包含管理经费在内）为服务价格的三分之一。但是，照护价格是由公定的价格水平决定的。例如以身体照护为例，每小时的服务价格为 4020 日元，按照三分之一来推算，那么在 4020 日元中，工人的报酬为三分之一，管理经费为三分之一，还有宣传费用与利润占三分之一。这样，劳动力成本所占比例约为 30%，按照这样的比例，民间机构是可以开展经营服务的。但如果是由民间非营利事业体或是工人合作社来提供同样的服务，经营成本为二分之一，即工人的劳动分配率能达到二分之一。

为鼓励民间企业参与，起初介护保险将身体照护的收费标准定在较高水平。然而，自介护保险法实施以来，在具体实践中，主要的服务项目多集中在费用较低的家政服务方面，这与厚生劳动省当初进行价格设定时的初衷有很大的距离。起初设定的家政服务费用为每小时 1530 日元，在 2003 年修订时取消家政服务项目，改为生活帮助服务，价格为每小时 2080 元。但是这个价格没有考虑移动时间和备岗时间，所以价格依然偏低。虽说经营成本比重为三分之一，但如果人工成本低于市场行情，机构就无法保证获得劳动力。因此，根据某公司的内部信息显示，公司只好压缩经营成本，将人工成本比例调至 70%，最终给公司的经营带来很大的压力。如果人工成本比例超过70%，企业显然难以为继。民间企业无法承受亏损经营，所以摆在他们面前的自然就只有裁撤事务所，或是合并统合。

相比之下，非营利的民间事业体可以将劳动分配率提高到二分之一。在他们开始提供服务时，即使只是当时服务费的一半，也已经超过当地的最低工资水平。在介护保险实施后，这些机构的服务时数、服务费用较之前都有所增加，所有的市民事业体都明显进入了经营稳定期，有的机构支付的时薪可以与民间企业持平。

在福利工人合作社工作的服务人员，都有照护工作的实际经验，曾经体会过其中的遗憾。“如果当时有人能给我搭把手该有多好”，她们现在对别人的帮助就是出于这样的经历与想法。她们希望自己的丈夫在将来需要照护时利用这样的机构；将来轮到自己需要人照护时，也可以放心地将自己交给机构。现在年龄在五十多岁的女性可以设想一下三十年后的情景，那时的自己也成为需要照护的对象。可是，三十年后，自己奋战过的工人合作社还存在吗？如果三十年后，这个事业体消失了，那么自己只是为其服务，却无福享受服务。因此，要想保证工人合作社依然存在，就需要比自己年轻三十岁的人参与到这项事业中。能否把照护工作打造成为一份让人有职业自豪感的工作，可以让现在二三十岁的人愿意放心地、持续地投入，关系到市民事业体的未来。为了确保将来的劳动力，必须让照护工作成为一份体面的、有保障的工作，让人们可以带有自豪感、责任感投身于此。

打造让人安心的地区供需循环

一边是需要服务的需求方，另一边是服务的提供方，以及在这里工作的人们。此时需要解决两个问题。一是作为服务需求方，如何在官（公共部门）、民（私人部门）或是协（协同部门）三者中做出选择，以获得对自己最为有利的服务？对于这个问题，上面已经给出了答案。既不是效率低下的官，也不是不负责任的民，而是市民自己支持的协同部门。协同部门最贴近一线的服务使用者，而且，协同部门中的工作者都是居住在社区的居民，不会轻易撤离社区，未来还将会成为服务的使用者。所以，由这样的工作者构成的非营利市民事业体最有可能提供更优质的服务。

另一个问题在于服务的供给方。多数的照护工作者是女性。作为劳动者，她们愿意接受怎样的工作方式，既能保障她们获得足够的工资，又可以避免受到压榨和剥削？答案依然是协同部门的市民事业体。因为在市民事业体从事照护工作，既没有退休年龄的限制，也没有上司下属的分别，人人都可以成为管理者。考虑以上几个特点，市民事业体对工作者来说是有利的选择。

我们希望能够建立起良好的照护服务的供需循环：作为服务的使用者，社区居民可以放心地接受服务；同时，作为服务提供者，照护工作者可以按照自己满意的工作方式来参与照护服务事业。为此，我对市民事业体充满期待。

自治体的经营改革与录用外部人才

介护保险与行政革命

介护保险不仅是一场家庭革命，同时，由于它还带来了全新的行政管理方式，还具有行政革命的特征。之所以这么说，是因为虽然市町村的基层自治体是介护保险的保险事业主体，但是，按照介护保险法的规定，自治体在自己的行政服务中并不提供照护服务，而是集中精力，为服务的使用者与提供者签订合同提供中介，进行监督，并履行监督职责。如果自治体成为提供照护服务的事业体，就必须以公务员身份聘用照护人员，这样就会形成一个庞大的地方政府。在行政改革和经济不景气的背景下，自治体财政压力巨大，没有一个纳税者会选择“大政府、大负担”。取而代之的是让照护服务从自治体的功能中剥离出来，将这一业务委托给民间的事业者。这样的做法，用最近流行的经营重组术语表述就是 outsourcing，外包。介护保险的实施为这种崭新的行政管理方法——将行政服务进行外包——提供了实验场。

回顾福利政策的历史，公民一直要求公共行政部门提供更慷慨的行政服务，但是这会导致形成“大政府大负担”的瑞典型行政模式，国民负担率（税金与社会保险在国民收入中所占的比例）将高达七成。于是政府说：“你们能接受这样的局面吗？如果可以的话，我们就可以提供更充实的服务。”那么如何能让国民愿意用自己的钱包为“大负担”买单呢？前提是拥有一个公民愿意将自己的钱拿出来的、值得信赖的政府。目前的政府没有达到这样的程度。老百姓不希望效率低下的官员继续增加，不愿意缴纳更多的税金去养活他们。从这个层面上来说，纳税者的立场就是“不再增加负担”。基于此，我认为以保险方式取代纳税方式来确保照护服务的财源是正确的做法。

“照护社会化”带来崭新的行政管理方式。新的行政管理方式的影响将会波及文化行政、女性政策、福利、教育、街区建设等所有的领域。自治体需要将已经稳定成形的业务以及具有专业性的业务委托给外部单位，从而实现“瘦身”。用经营重组术语来说叫作 downsizing，即自治体的机构精简。

精简后的自治体只需保留少数精锐公务员。这些公务员需要具备怎样的素质和能力呢？他们需要掌握本地区拥有的人力与资源，了解应该如何将这些资源整合起来以便展开相应的业务服务。基于这些信息和广阔视野，具备锐意进取的决断能力和实施能力。这种综合能力就是执行能力。当今社会最需要的不是某领域的专家，而是可以统揽全局、具有执行能力的人才。顺便说一下，要成为这样的执行官，并不需要具备特殊的能力。即使自己没有一技之长，但只要有能力使用好有专业技能的人，就可以成为一名成功的执行官。但是，培养执行官并非易事。

如果一小部分具有如此执行能力的精锐成为公务员，纳税人会很乐意缴纳税金支持他们。既然自治体的首长和议员每四年接受一次选民的评估，那么也可以采取任期考核与评价来对这些公务员进行评价。我有时受邀担任自治体职员研修的讲师，在培训班上，我强调公务员需要自我完善，随着世界的变化不断给自己升级。但是，更有效的方法是根据社会变化趋势，按照任期制不断引入符合时代变化的人才。

那么，应该如何培养具有这种能力的人才呢？针对应届毕业生的统一录用考试不太可能发现他们的能力。并且，新录用人员会被安排在窗口业务岗位，之后还有轮岗。随着年龄的增加，公务员依次得到晋升的机会。很难想象在这样的官僚世界能够培养出具有执行能力的人才。相反，那些任何人都可以处理的工作，更应该外包给社会上的公司。

拥有执行力的人才需要在地区活动与市民活动的一线工作中进行培养。这是因为，这些活动的现场与普通的职场不同，不可能用金钱或职位作为诱饵来调动参与者的积极性，只有靠活动本身的趣味性，靠人际关系的吸引力才能吸引、动员人们参与其中。

那么，具体该怎么做呢？如果身边没有适合的人选，可以从别的地方引进。可以是长期或短期聘用，或者面向社会进行招聘。在录用时要注意，不能以兼职或是临时工的方式，而是按照正式员工进行录用，为录用人员提供保险和其他保障，保证他们在就业期间的生活。因为无须为他们缴纳失业保险或年金，所以可以为他们提供高于普通职员的较为优厚的年薪。

自治体应该改革行政管理方式，采用灵活的中途录用方式，取消年功序列薪资体系和终身雇佣制度。特别是，可以取消对录用年龄的限制，只要自治体愿意，这一改革立即可以实现。自治体需要建立起一个流动的、开放的劳动组织，将公务员的薪酬与年龄、性别与职位脱钩。当然，这个改革实施起来并不像说起来那么容易。要实现这一目标，需要建立一个公平、透明的评价审核机制，然而自治体并没有针对公务员的评价审核体系。现行的人事评价体系中，除了对年龄的要求之外，几乎没有其他的标准。

从长远来看，行政改革不是简单地削减经费，还要与自治体的劳动组织改革结合起来。这些改革最大的阻力可能来源于工会。

护理的『去私事化』

保育的社会化

以照护社会化为目标，日本终于形成了全国性的共识，我们离实现保育的社会化也只有一步之遥。长期以来，人们理所当然地认为照护就应该依靠女性在家庭的免费劳动。现在全体国民终于就“照护不只是家庭的责任”达成共识，实现了照护社会化。但是，直到今天，保育工作还被认为是孩子家长的专责。如果家长放弃照顾孩子的责任，就会成为报纸上口诛笔伐的对象，成为“魔鬼一般的父母”“不负责任的母亲”。报纸上越是这样写，年轻的父母就越发感到自己肩负的责任巨大。这样的做法对扭转日本的少子化倾向毫无益处。

当下的年轻人给日本社会的回答显然是否定的，“我们怎么能在这样的时代生孩子呢？”我们应该怎样做，才能让这些年轻人愿意生儿育女呢？如果对这个社会的未来没有信心，不抱希望，他们肯定不会愿意把自己的孩子带到这个世界来。不仅如此，在面临着生育后的巨大的责任与负担时，绝大多数的年轻人都表现得犹豫不决。在过去，育儿的重任全部都压在一位家长身上。明明双亲是两个人，但男性家长往往只会说“这是你的责任”，把所有的一切都扔给妻子。

对年轻的父母来说，眼前的新生儿就像是头一次看到、触摸到的 ET 一般，浑身软软的，脖子都立不住。养育孩子不可能像操作手册上那样按部就班，任何新手父母都会陷入恐慌状态。例如，当婴儿夜间哭闹不休，年轻的妈妈不放心，试图叫醒躺在边上的爸爸。如果这时得到的回应是“吵死了，闭嘴”，这种情况要是放在过去，妈妈会抱着啼哭的婴儿到房间外边，念叨着“爸爸明天还要上班，尽量不要打扰他”，努力安抚婴儿。但是现在的年轻妈妈不会这样。一旦听到丈夫这样说话，马上就会大发脾气：“搞什么呀，这是你我两个人生的孩子吧！”如果非要抑制这样的想法，就会在妈妈心中留下心理创伤。然而，年轻的爸爸基本上不会意识到那一刻年轻的妈妈受到的伤害有多大，对自己的不信任与失望的情绪有多深。多年之后，妻子曾经的心理创伤也许会再次闪回。夫妻吵架时，妻子旧事重提，埋怨丈夫“从那时起，你就把我和孩子抛弃了”。事实上，我就认识一对这样的夫妻，因此而变成无性婚姻。

樋口惠子曾经用“不带孩子的窝囊废”来称呼这种不参与育儿的男性，她当年为了号召男性能参与到育儿中来，在厚生省的海报上发出“不育儿的男人，不配做父亲”的呼声。我在东大课堂上，曾经和学生们围绕这张海报展开讨论。当时有一个男生发言说：“一想到男性家长在育儿过程中也需要承担这么多的负担，我就很苦恼将来还要不要生小孩。”

当然会苦恼。一直以来，女性就是在这样的苦恼中生儿育女的，但男性在造人时却从未因此而苦恼过吧。育儿的负担，今后一定会成为男性的烦恼。不仅如此，那些将来或许会成为他们的配偶的、受过高等教育的高学历女性，也一定会要求丈夫承担起照顾孩子的负担。否则，如果他们娶到的是顺从的妻子，或许无法满足他们的虚荣心吧。厚生省的少子化对策海报上颇具威胁性的文案，成功地起到了反效果，年轻的男性们越发地却步不前。

面对这些年轻的男女，我们必须要告诉他们，“拜托你们，生孩子吧。其余的事（育儿）我们大家一起来努力”，以减轻他们的顾虑。我认为，比起制作那样的海报去吓唬年轻人，建立制度和机制，尽可能减轻育儿负担才是更为重要的。

普惠性儿童给付

普惠性儿童给付是保障儿童的成长权利的一种政策。根据政策，无论儿童的父母收入高低，国家都会向每个儿童支付儿童津贴。日本也有儿童给付金制度，但是发放的数额无异于杯水车薪。如果津贴额度无法保证至少一个儿童可以独自生活，就没有实质性作用，那么这样的制度就没有意义。

相比之下，育儿津贴与儿童津贴虽然看似相近，但实质完全不同。儿童津贴是直接支付给儿童的，但育儿津贴是支付给养育儿童的父母的。很多情况下，这一政策是弥补家长因全职育儿而失去收入来源的一项补偿政策，因此津贴的额度取决于当事人在生育前所从事的工作类型。原本就没有工作的母亲，在生育之后也不会产生收入补偿。另外，对于生育后继续工作的职业母亲，这一政策同样无法适用。每一位母亲在养育孩子时负担是一样的，但政策如此规定真是令人不解。

我们可以将儿童津贴理解成为国家向儿童支付的工资。根据劳动法规定，禁止十四岁以下的儿童就业。所谓的儿童津贴可以理解为国家的法律禁止了儿童工作，所以，国家有责任养育他们。

或许大家认为这种说法无异于白日做梦，但事实上的确已有国家实现了普惠型的儿童津贴。这就是瑞典。我的一位朋友曾于 20 世纪 80 年代在瑞典生活，并养育孩子。据她所言，当时每个孩子每月可以领取 700 克朗。按购买力来说，1 克朗实际相当于 100 日元，所以每月额度约为 7 万日元。这项津贴会一直支付到孩子年满十八岁。因此，朋友的儿子曾要求她，“妈妈，不要花我的钱”。

如果按这样的标准，生育三个孩子每个月就会有 21 万日元的进账，这是一笔不错的收入。这样，单身母亲可以“寄生”于自己的孩子来维持生活。德国也有类似的儿童福利体系。而且，还有鼓励生育政策，孩子的数量越多，津贴的额度也有相应的增加（从第三胎、第四胎开始，津贴金额急剧上升）。因此，女性即使带着三四个孩子，也很容易再婚。因为会有男性冲着政府给孩子支付的津贴，接近带着孩子的女性。从孩子的角度来看，这笔钱是国家赋予的、保障自己成长权利的福利津贴。揣着这些本钱，孩子有了选择家长的自由，孩子们可以说，“我不想要这样的家长，我要去别人家”。这样，虐待儿童的情况也会大大减少。因为，对家长来说，孩子是“摇钱树”，是社会交给父母托管的。

非营利组织组建“居家幼老所”与“社区男性中心”

作为应对日益严重的少子化问题的政策之一，日本政府采取了放宽对保育所的行政管理限制，引入社会力量兴办保育事业等举措。

“引入社会力量”，听起来感觉很好，其实是要放宽一直以来严格的审批标准，使营利企业可以较容易地参与到保育事业中。保育所的使用者是家长，根据受益人付费的原则，家长需要负担设施使用费。根据收入情况家长会得到一定的补贴。这样的做法是育儿的市场化，并不是社会化。只要有钱，就可以将育儿的劳动成本转移出去，就像过去有钱人家请奶妈和保姆来照顾小孩子。

在少子化的影响下，幼儿园面临着撤销合并的生存危机，但同时，等待入园名额的“待机儿童”人数却在增加。在经济不景气的大环境下，学龄前儿童的母亲更倾向于外出就业。观察在M型曲线中再就业女性的家庭构成可以发现，再就业女性家中最小孩子的年龄不断地向着低龄化发展。越来越多的母亲等不到孩子上小学，甚至连三岁都不到就不得不出来再就业。

面对这样的变化，越来越多的家庭支援中心应运而生，取代了保育所，迅速在各地普及开来。这一举措的理念是，“让孩子在家中得到照顾。政府将有照顾婴儿需求的家长与能够照顾婴儿的人联系起来。把照顾婴儿的劳动付出变成一项正式的、有偿的工作，而不是志愿服务”。借用一个老式的说法，可以称作旧时的“邻里婆婆”的制度化。过去，婴儿不是只靠母亲一人来抚养。如果没有亲戚，邻居朋友都会成为母亲抚养小孩的有力助手。但是，只要被称为“婆婆”，那么在得到照顾的同时总会伴随着干涉。所以，为了能够只得到照顾，避免自己的事情被插手或干涉，关键是要给这份工作支付报酬。

这种做法起源于法国。现在，法国登录在册的“日间妈妈”全部享受公务员待遇，全员享有保险和保障。在欧盟国家中，法国一直能够保持较高的生育率正是得益于这样慷慨的育儿支援制度。

这种做法对服务的使用者和行政管理部门来说都有益处。对使用者来说，不仅可以让孩子体验到小人数的家庭式托儿服务，而且在接送时间上也较为机动灵活，无须因日托保育所严格的接送时间限制而奔波。如果是体验过双重保育[1]的家长就更能体会这种做法的可贵之处。事实上，法国的女性管理人员以及高级公务员更倾向于选择“日间妈妈”服务，而不是把孩子送去保育所。另一方面，对行政管理部门来说，这种做法可以用廉价的成本解决最需要资金投入的零岁儿童保育的问题。只要符合标准，个人住宅也可用来提供保育服务，因此无须新增保育设施，从而节省了建设与维护的成本。

每个人的能力与条件各不相同，有的人可以照顾两名左右的婴儿，有的人可以照看五六名三岁的小朋友。如果让这

1　双重保育是指由于家长时间原因，将婴幼儿交给两家（或以上）的机构接受保育服务的情况。在第一家保育所结束服务后，家长需要从一家保育所再送到第二家，因此较为奔波。

些有意愿承担托儿工作的人组建非营利机构，同时在城市街道的一角建立小型的共同托儿所，那么即使没有个人住宅，也可以将保育工作委托给她们。考虑到介护保险中规定有定员八人的“小型日间照料中心”，可以将托儿所与日间照料中心的托老所一起管理，办成“居家幼老所”。甚至还可以将学龄儿童的保育服务一并纳入，这样，放学后的小学生也就有了栖身之所。

此外，樋口惠子女士还提出建议，希望社区中心不要只依靠女性，还可以安排吸引当地社区的男性加入，成立“社区男性中心”。今后，没有男性成员的家庭，如老年人家庭或是单身妈妈家庭的数量会持续上升。家中总会有些体力活需要男性来承担，“能帮我安装架子吗？”“能帮我开一下瓶盖吗？”每当这时，有位男性就会方便很多。然而，别有用心的帮助是不受欢迎的。那么，能否建立起一种制度，让有需要的人可以没有心理负担地向男性寻求帮助，可以更好地发挥男性的能力呢？如果一个地区建起这样的社区中心，可以让男女老幼，健全人与残障人士都聚集在一起，该有多好。

建立新的社区机制，实现“照料社会化”

目前各地都已经开始尝试开展这样的服务。其中有一种小规模、多功能、共生型的小型日间照料之家开始在各地涌现，这种模式被称作“富山式”。只要有想法，充分调动智慧与精力，就能够创建好的制度与做法。富山式日间照料之家的实践者们就是这样，他们打破了对福利服务的纵向行政管理，从一线的需求出发，创造出了混合服务机制，可以为上至老年人，下至儿童提供综合性服务。他们的实践甚至推动行政管理规则做出改变。

如果建立起这样的服务机制，从中受益的首先是女性。女性不仅可以作为使用者享受到制度的便利，同时，还可作为劳动者，通过工作获得报酬。虽然这份工作与一直以来女性在自己家中承担的育儿、照护的内容是相同的，但是同样的劳动，不再是过去家庭中的免费付出，而是成为一份伴随着责任、评价与报酬的正式的工作。在这种机制下，家庭有可能会超越血缘在社区中实现重新整合。这就是照料社会化，也可称为社区福利。实现照料社会化的方式，并不局限于机构。

在这样的社会里，人人都可以安心老去。如果相距遥远的孩子提出建议，“妈妈，您一个人生活我不放心，要不搬来千叶吧”，妈妈可以告诉孩子说：“我不想离开这里，我的很多朋友都在这里。很高兴你能关心我。不过，与其去一个不熟悉的地方，天天关在家里，给你添麻烦，还不如在这片我熟悉的土地上，在没有血缘关系的人们的帮助下，安心地变老，安详地离开。”

年轻夫妇们也是一样。当远在故乡的妈妈或是婆婆提出“生孩子时我去帮忙”的想法时，新手妈妈也可以回复她们说：“让您过来也是给您添麻烦，您不用来帮忙带孩子。我们社区里有专门的育儿NPO，她们会提供知识和帮助。妈妈，您只管来看看孙子就好。”这样也避免了欠老人的人情。如果社区有这样的支援体制，或许会让年轻人萌生养育孩子的想法。自古以来，孩子就是吃着百家饭长大的。与其沉溺于对早已失去的乡土或是大家庭的怀念，不如具体地创造出今天需要的东西。

“照料社会化”中的“化”是变化的化。变化之前是怎样的情形呢？在做出改变之前，育儿与照护都曾是个人的“私事”。于是，接下来的问题是，育儿和照护是从什么时间开始变成“私事”的呢？如果说“社会化”是一个变化的过程，那么“私事化”也是一个变化的过程。如果说在历史的某一时刻发生了“照料社会化”，或者说是“去私事化”这一变化，那么，照料成为家人的责任，即“私事化”也应该是发生在历史的某一时刻。漫长历史中的任何事件，都是有始有终的。根据近代家庭理论的观点，“育儿、照护私事化”是近代以来出现的变化。在历史的进程中，在“育儿、照护私事化”进程后，再次出现了“去私事化”的新动向，我们正在见证这个历史的转折点。正因如此，我们需要创造出一个前所未有的、没有任何人尝试过的新的体系。

第四章

市民养老项目的可能性

福祉工人合作社的未来

福祉工人合作社研究会

在生活俱乐部系列的生活协同组合之中，有一类组织叫作工人合作社。生活协同组合最早被称为消费生活协同组合，是由消费者组成的组织。其中，从事生产的人们集合在一起成立了生产者协同组合或劳动者协同组合。工人合作社则是在关键人物的号召下成立的、由工人参与建立的组织，所有成员共同出资、相互平等地进行工作。成员既是出资人，同时也是劳动者；工作中没有上下级的区别，也不存在雇佣关系。这种工作方式可以看作独立的个体经营，但它是一个组织，而不是个人。工作合作社在初期不具备法人资格，挂靠在生协下，承接配送、销售以及便当预制菜制作等委托服务。

工人合作社中历史最悠久的是位于首都圈、东京近郊神奈川县的“生活俱乐部生协”，首都圈生协的工人合作社至今已有 20 多年的历史。起因是当时协会的女性会员不满足只做消费者，还希望从单纯的消费者转变成为生产者或劳动者。于是，工人合作社在此风潮下应运而生。

工人合作社在成立初期，开展的业务大多与食物相关，符合其作为食品生协的定位，例如面包及预制菜的制作等；之后业务范围开始涉及服务业，并拓展至福祉类服务业务；于是便成立了福祉工人合作社。2000 年 4 月份开始实施的介护保险制度，进一步推动福祉工人合作社发展。

1998 年至 2001 年的 3 年间，我曾经同绿色合作联盟下属的福祉工人合作社进行联合调研。绿色合作联盟是由九州地区 11 家农业协同组合共同组成的一个组织。

1994 年，绿色合作联盟以全体成员每月缴纳的 100 日元无偿捐赠，与一部分利润收益成立了福祉连带基金，一年的原始本金 4 亿日元。基金成立当年，首先开办了 3 个工人合作社。之后在介护保险实施前的五年间，工人合作社的数量年年翻番，1999 年发展到 50 家。服务内容包含家务援助（育儿、照护老人）、食品配送等等。我的研究对象主要限定于当时主要从事家务服务的家政服务工人合作社。当时正面临着 2000 年 4 月介护保险实施，围绕是否应该加入介护保险行业，成为政府指定的居家支援服务提供商的问题，许多工人合作社犹豫不决、举棋不定，处于探索阶段。当时我本人开展调研的目的是研究介护保险法的效力，希望通过对比介护保险法实施前后的情况，分析照护服务的供需双方在法律的作用下出现了怎样的变化。

研究的成果最终形成了《绿色合作联盟福祉工人合作社研究会报告 1999》。这项研究的独特之处在于，我们采用行为分析的方法，我作为研究者，与作为当事人的工人合作社一起合作，共同研究我们自身的行为。研究的目的在于解决他们作为服务提供者最为关切的问题，如何成为一个受用户青睐的服务提供商，如何在社区中生存下来。因此，本次研究让这些提供服务的工作人员成为研究的主体，学习调研的方法与技巧。

作为一名东京都的居民，我为什么选择九州地区进行研究呢？这是有深层原因的。虽然神奈川县的工人合作社发展也很好，但这具有地域特殊性。通过数据可以很清晰地发现，神奈川县已婚女性的就业率全国最低。比较而言，东京 23 区内全职主妇的比例并没有特别高。因为东京的前身是江户，这里有很多中小规模的个体手工业者和商人。然而首都圈附近地区被称为“睡城”，因为这里很多家庭是丈夫在外上班，妻子全职在家当主妇。特别是神奈川县，生活着高学历高收入人群。不仅如此，神奈川县生活俱乐部生协的主要负责人也是公认的“高追求”成员。他们更加关心食品安全和环境问题，愿意花费时间精力，去购买并不太实惠的食材。这是一个有理念、有追求的群体。坚持理念与追求需要有金钱作支撑。根据之前的研究，生活俱乐部会员的受教育程度和经济阶层一般会高于当地居民的平均水平，工人合作社的组织负责人的学历和收入比普通会员更高。如果工人合作社的成员都是这个水平的话，就意味着只有特权阶层才能参加工人合作社的活动。事实上，与生协业务在全国的发展相比较，工人合作社并没有在全国范围内拓展开来。

另一个有趣的数据是，生协成员的离婚率低于日本平均水平。这并不意味着生协成员的夫妻关系都很和睦。真实的原因是，如果离婚的话就没法继续利用生协。因为一旦离婚就无法保留会员的身份，自然不会出现在原始数据中，故此离婚率的数据相应降低。怎样的女性群体会要求离婚女性退出？什么样的伙伴，会在女性面临痛苦、身处困难时，不是伸手相助，反而袖手旁观呢？如果只有符合特殊条件的人才能担任组织的负责人，相信这样的组织不可能发展壮大，估计也难以维持。

当初九州的绿色合作联盟的女性找到我，极力劝说我与她们一起进行研究。当时我说道：“我住在首都圈，而你们当地有九州大学，还有其他大学，所以你们和九州当地的研究人员一起做这个项目可能会更合适吧。”

非常感谢生协的负责人选择让我这个研究人员和他们进行共同研究。这证明，她并不认为象牙塔里的讨论就是纸上谈兵，而且还认为理论对于实践是有所帮助的。站在研究者的角度来看，的确可以在实践现场学到很多东西。但这一切的条件是我与实践地点相距不远，交通便利。九州对我来说还是太远了。

但是，我最终还是被她们说服了。她们对我说：

“神奈川地区取得的成功只适用于神奈川，在其他地方并不适用。但如果在九州能成功的话，那么这个经验真的完全可以全国推广。”

绿色合作联盟的成员的学历和收入，与当地平均水平相比并不算高。大部分成员家中都有学龄子女。她们会为了筹措子女教育的学费而犹豫在福利工作和兼职打工中做出选择。一旦将孩子送进大学，她们就不再烦恼，而是坚定地放弃福利工作。“因为孩子要上大学，很不好意思，这四年我没法为协会服务。”这种情况下，她们只能选择去做兼职工作。这一阶层的家庭，如果没有妻子的收入补充，很难支持孩子接受高等教育。日本的中产阶级就是这样一个“高不成低不就”的群体，虽然算不上贫穷，但也不是绝对的富足。她们说：“在九州生协中工作的都是普通女性，如果工人合作社能够在九州成功，那么这个模式应该在全国各地都会成功。”

这句话最终说服了我，我和她们一起度过此后的三年。

经营成本调查结果的启示

自从1994年绿色合作联盟成立福祉连带基金后，福祉工人合作社的数量逐年稳步增长。其中开展照护业务的工人合作社更是实现了用户和服务时间的双增长。基金成立五年来，不仅保持了高速增长，还借助2000年4月份实施的介护保险政策的东风，一举实现营收增加，业务趋于稳定。在经济不景气的大环境下，这是惊人的成就。

而在同时期，科姆逊等民企却做出撤并事务所的决定。在民企艰难挣扎的同时，福祉工人合作社却表现优异。二者的差异值得深入分析。

通过调查，我们找到了原因。相较于从外部空降至社区开展运营的民企，工人合作社的特点在于扎根社区。工作人员本身就是切切实实生活在当地的居民。不同于民企，他们不会因为无法扩大营收就选择离开社区。在介护保险实施前，工人合作社就已经在社区扎根发展，因此不会因为介护保险的实施而出现前后服务上的巨大反差。不仅如此，受惠于介护保险政策，保险内的服务单价有所提高，员工收入增加，经营更加稳定。

协同组合法人和非营利组织都可以算作非营利法人。由于介护保险的实施，照护类非营利组织开拓了新的市场，在经营上逐渐稳定。当其他的非营利组织都在为资金问题一筹莫展时，照护类 NPO 组织甚至成为其他非营利组织的怨恨目标，认为照护类 NPO 不算真正的非营利组织。那么，福祉工人合作社的经营情况具体如何呢？工作合作社的起步出于参与成员共同的理念与想法，大家没有太思前想后，靠着信念与精力便开始创业。她们对于经营的隐性成本毫无概念，在实际运营中她们自己承担起经营成本。

为了详细调查实际的经营情况，我们针对研究对象——工人合作社的运营成本进行了测算。我们要求共计 45 个工人合作社组织记录并提交 1999 年 7 月一个月内活动的详细数据。这是一次极为烦琐而复杂的调查，如果没有当事者的积极配合与协作，是无法完成的。调查内容包含：实际护理服务时长、组织协调所花费的时间、其中属于办公室坐班的时长。在工作合作社的运营中，这些工作都是支付薪酬的。

但是，在可以获得报酬的工作之外，还存在着隐性劳动。为了了解实际的运营成本，需要对业务活动之外的工作展开调查，计算隐性成本。因此，我们要求工人合作社对于人事管理及处理投诉反馈、决策会议、外部协调会议、培训及会计业务等所花费的时间都进行了详细的记录。

以会议成本为例，按照商业社会的惯例，如果五位工人共同开会一小时，成本就是五个小时；如果会议持续两小时，那么成本就是十个小时。一般公司要为会议时间支付工资，所以会议时间是算入经营成本的。但是对工人合作社而言，所有人参加会议既是权利，也是义务，所以大家把会议时间认为是无偿工作的内容。实际上，会议时间应该有相应报酬，并且，参会人员还在从事无偿的决策劳动。因此，要核算工人合作社的经营成本，不能以货币为单位进行衡量，所以我们最终选择以时间单位来进行测算。也就是说，以时间为单位来表示运营成本，即计算出提供一小时的护理服务所需要的所有活动的时数，其中包括有偿活动与无偿活动的总时数，最后计算出的经营成本如图 1 所示。

图1 工人合作社的经营时间成本

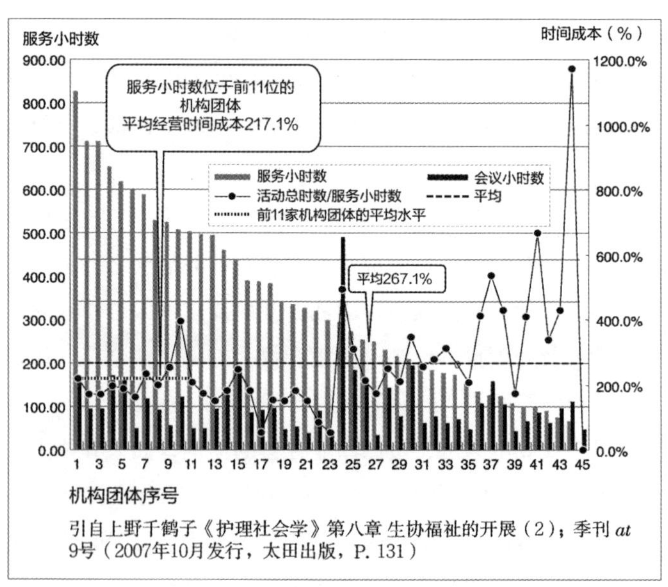

引自上野千鹤子《护理社会学》第八章 生协福祉的开展（2）；季刊 *at* 9号（2007年10月发行，太田出版，P. 131）

图中把各工人合作社提供的护理服务总时长按照降序排列，然后将各家的经营成本所占的比例进行比较。通过图 1 可以清楚地看到，总体服务时长，也就是业务营收与运营成本之间没有任何联系。各团体的经营成本存在较大差异，平均水平为 267.1%。其中还有效率非常低下的团体，花在会议上的时间要大于服务时间。一般来说，福祉工人合作社能够自负盈亏的业务规模需要达到每月使用时数 500 小时以上，如果以符合这一标准的 11 个团体的运营成本来计算，经营成本的平均值略高于 200%，为 217.1%。

以每小时护理时间所需要的管理时间的比例计算出的平均经营成本为 217%，这样算是高效吗？我的答案是，已经非常好了。而且，提供服务时长越长的团体，经营成本越接近平均值。217% 这一平均值是在各方不断的努力下取得的成果。其实我对这个非常合理的结果还是颇为叹服的。因为，在介护保险实施前，民企测算出的运营成本为 300%。而在工人合作社的团体中，成员基本都是没有经验的素人，但最终却实现了 217% 的成绩。这一数值表明，工作者的劳动分配率确实被提高到了接近二分之一的水平。

另一方面，217% 的经营成本是否意味着需要进行优化呢？是否说经营成本越低越好呢？答案是否定的。因为，工人合作社的基本原则是所有人参与经营活动，在这里不同于一般企业，不是上传下达，需要进行集体决策。但是达成集体的共识也需要决策成本。会议时间就是为了形成共识所需的成本。因此，运营成本217%并不是意味着成本越低越好，这一数字是维持工人合作社这种工作机制所必需的合理数值。运营成本高，意味着效率低下，但运营成本低并不一定意味着高效。我认为217%是一个很合理的水平。根据数据，会议时间过少的组织，由于没有花费时间成本来形成统一的意见，有可能导致成员并不能认同组织工作的情况发生。考虑到217%这一数值是在花费了决策成本基础上，经过各种努力后达到的结果，对于这样一个合理的水平，我们只有佩服。

图2显示的是服务时长与年度营业收入的关系。此图也是按照各工人合作社提供服务时长进行降序排列的结果。由图可知，组织的盈余与提供服务时长并无关系。在介护保险出台前，服务每小时收费700日元，其中100日元需要上缴事务所，工人最终到手600日元。而当时当地的最低工资为每小时630日元，所以，当时做兼职比在工人合作社工作更划算。要想把这样的工作继续下去，只能依靠个人的情怀来弥补二者的差额。对想挣钱的人来说，是去做兼职工作，还是去工人合作社工作，是一个艰难的选择。不过，随着介护保险的出台，这一烦恼立时得到了解决。由于介护保险，服务价格大幅提高，有些地方的时薪提高至900日元，有的甚至超过1000日元。这样一来，与兼职收入相比，这份工作并不逊色，所以选择时也无须再犹豫了。

图2 年照护小时数与照护服务年剩余额度

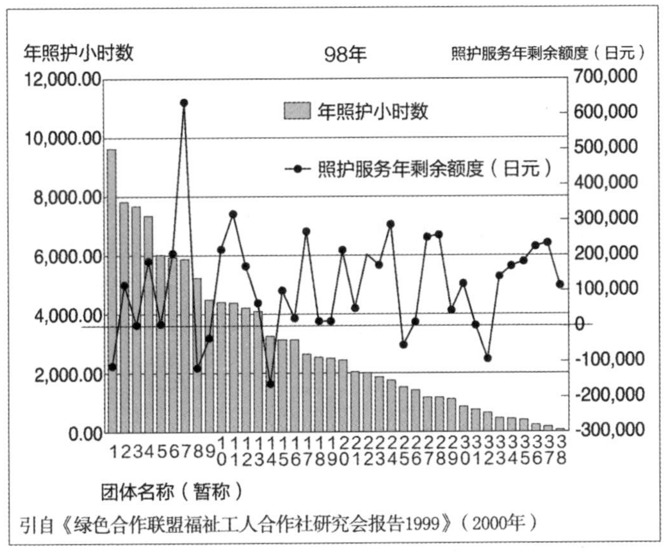

引自《绿色合作联盟福祉工人合作社研究会报告1999》（2000年）

我们回到经营成本的话题。虽然按时间来计算的运营成本达到了 217% 的优秀成绩，但每提供一小时的服务，事务所只能获得 100 日元经费收入。这样，业务规模越扩大，经费反而会越紧张。在艰难的运营过程中，她们本来期望收益会随着业务规模的扩大而增加，但业务规模越大，经营成本也就越高，意味着亏损越多。然而，数据显示组织仍然在赢利。这只能说明，财务报表的数据与事实有出入。图 2 中显示的有盈余的组织，一定是对财务报表进行了调整，为了不让账面出现赤字，将自身的隐性劳动成本计为零，使账面最终呈现出有盈余的状态。这种报告一般是先有结果，即在决算前事先定出本期的盈余额，然后从结果倒推计算出成本。因此，本次调查的另一个贡献在于，促使我们认识到账面上的盈余数据毫无意义。

是谁承担了隐性劳动

那么，没有被计入成本的隐性劳动到底压在了谁的身上？主要是合作社的发起人、负责人在承担着这些隐性劳动。为了明确负责人付出的隐性劳动，我们选择了业务量相对较大的6个组织，请他们的负责人对一周的时间使用情况进行了统计。在此基础上，统计对比了工作日及周末的情况。调查的内容非常烦琐，要求受访者以三十分钟为单位，精细记录从早到晚一天的行为。

本次统计按照NHK的时间调查的方法进行记录，将每日的行为分为一类行为、二类行为、三类行为。一类行为是指个人生理必需活动，如睡觉、洗澡、吃饭等无法委托给他人的行为。举例而言，我们不会因为自己忙，而委托别人代替自己去卫生间。二类行为是指在个人维持生活的必需活动中可以委托给他人的行为，包含家务和工作两方面，也被称为“第三方标准”。三类行为则是指一、二类行为以外的娱乐行为。其中，针对二类行为中工作的部分，调查进一步细分为“工人合作社相关工作”和“其他”，再将“工人合作社相关工作”继续细分为“有偿工作”与“无偿工作”。调查结果令人吃惊。

表3 工人合作社负责人每周的时间分配统计与平均值

		工作日		周六		周日节假日		周总时数		
		合计	每日平均	合计	每日平均	合计	每日平均	合计	每日平均	
一类行为	睡眠	198:20	6:20	42:30	7:05	49:15	8:03	48:20	6:54	
	吃饭	47:00	1:31	10:15	1:42	10:30	1:48	11:17	1:36	
	其他	15:00	0:30	5:30	0:55	3:30	0:36	4:00	0:34	
	小计	260:20	8:21	58:15	9:42	63:15	10:27	63:38	9:05	
二类行为	家务	100:40	3:01	25:15	4:12	25:15	3:39	25:11	3:35	
	有偿劳动	7:00	0:16	5:00	0:50	5:00	1:00	2:50	0:24	
	交通	1:15	0:03	0:30	0:05	1:00	0:12	0:27	0:03	
	其他	2:30	0:06	6:00	1:00	6:30	1:18	2:30	0:21	
	小计	111:25	3:27	36:45	6:07	37:45	6:09	30:59	4:25	
工人合作社相关工作	有偿工作	29:30	1:01	2:30	0:25	0:00	0:00	5:20	0:45	10.1%
	有偿协调事务所值班	12:30	0:30	0:00	0:00	0:00	0:00	2:05	0:17	3.9%
	交通	51:30	1:54	2:15	0:22	1:30	0:18	9:12	1:18	17.4%
	无偿工作	189:15	6:40	15:00	2:30	13:00	2:36	36:12	5:10	68.5%
	工人合作社相关工作小计	282:45	10:05	19:45	3:17	14:30	2:54	52:50	7:32	100.0%
二类行为+工人合作社相关工作小计		394:10	13:32	56:30	9:25	52:15	9:03	83:49	11:58	
三类行为	居家休闲活动	50:00	1:28	23:45	3:57	25:00	3:48	16:27	2:21	
	外出休闲活动	9:30	0:22	4:15	0:42	2:30	0:30	2:42	0:23	
	小计	59:30	1:51	28:00	4:40	27:30	4:18	19:10	2:44	
其他		6:00	0:14	1:15	0:12	1:00	0:12	1:22	0:11	
总计		720:00	24:00	144:00	24:00	144:00	24:00	168:00	24:00	

引自《绿色合作联盟福祉工人合作社研究会报告1999》（2000年）

从表3可知，调查对象的工作日中平均每天“工人合作社相关工作”的活动时间为10小时，工作量与全职的商务人士相当。而且，周末也会处理与工人合作社相关的工作。数据表明，二类行为中调查对象花费在家务方面的平均时间少得惊人。繁忙如商务人士一般的组织负责人似乎在家务问题上“偷工减料”。观察她们的一类行为，每天花在三餐上的时间平均只有一个半小时，可以推测出她们为了工作压缩睡眠时间，吃饭也很匆忙。在三类行为中，数据显示她们的休闲活动无论是数量还是质量都十分匮乏。在调查对象记录下的休闲活动内容中，只有读报和看电视之类的内容。如此看来，她们根本无暇丰富自己、提升自己。这些负责人每天过的就是这样在各处奔波中忙来忙去的生活。

但是，这些人的月薪有多少呢？在组织创立之初，负责人每月会有5万日元的津贴。这些负责人因为太忙几乎没有时间去参与具体的照护工作。她们需要在事务所待命，代替突然临时有事的同事前去服务，需要在办公室值班处理各种事务，接到用户投诉后需要东奔西走解决问题，有时还需要带工作回家，用自家电话处理与沟通各类事务。把这些工作都算在一起，需要占用很长的时间。负责人的收入，除了津贴外，还有事务所值班补助、管理协调费，如果参与服务还有相应的报酬。但如果用总收入除以实际的工作时间，结果如表4所示，负责人的劳动报酬平均为每小时227日元。如果一份时薪227日元，每天工作10小时的工作摆在面前，还没有周末休息，这样的工作你愿意做吗？

表4 工人合作社负责人工作状况

团体名称	工作合作社相关工作时间			月收入（日元）	时薪（日元）
	每周工作时数	有偿工作时数	无偿工作时数		
A	30.50	4.00	26.50	11，800	244
B	59.25	11.50	47.75	50，000	256
C	53.00	0.00	53.00	26，000	115
D	67.50	5.23	62.25	72，200	237
E	47.75	12.25	35.50	10，000	284
F	59.00	11.50	47.50	72，300	223
平均	52.83	7.42	45.42	40，383.3	226.5

引自上野千鹤子《护理社会学》第八章 生协福祉的开展（2）；
季刊 *at* 9号（2007年10月发行，大田出版，P. 125）

显然，工人合作社的整体运营实际上是依靠负责人个人的隐性劳动支撑起来的。看到了这样的实际情况后，负责人很可能会意识到不能让这种状况继续下去，就算自己愿意付出，但之后接班人的人选也会成为问题。

如何才能持续发展

为了帮助社区的老年人更好地生活，社区中有抱负、有体力的女性身体力行组建起服务的事业体。起步之后，这些事业体应该如何发展才能让这个组织持续下去呢？福祉工人合作社的参与者们都期待在自己老后能够得到合作社的服务。“我现在有能力帮助别人，等我衰老体弱时，也想成为被帮助的人”，这也就是合作社的互助理念。前文中已提到，她们当中的很多人都曾有过照护的经历，而且留下遗憾的回忆。她们之所以选择照护工作，正是因为不想再经历同样的事情，也不想让任何人再经历同样的痛苦。在可预见的不远的将来，她们肯定希望当面临丈夫的照护问题时，能够得到工人合作社的帮助。另外，待自己老去时，也希望能得到工人合作社的照顾，而不是去麻烦子女。正因如此，她们致力于以自己能够负担的价格，提供自己期待的服务。

但是，目前工人合作社的女性负责人平均年龄大概在 50 岁，她们会在多少年后真正需要照护服务呢？如果假定是 80 多岁，那么大约 30 年后她们开始需要有人照护。所以，论及现在的事业体得以持续发展的条件时，也就是要让现在的服务提供者能够成为未来服务的受益者，意味着要以 30 年的时间跨度来思考。否则，尽管她们不辞劳苦地照顾别人，却无法保证自己老后能够受到照顾，这一生只是奉献，毫无索取。

为了工人合作社能够持续发展，需要思考以下的三个问题。一是作为经营实体如何生存下去；二是机构的每一个负责人如何能够平衡好生活和工作的关系，持续开展工作；三是怎样的环境才能够支持机构持续发展。前两点是解决如何既让机构满意，又让个人满意的问题。尽管机构需要作为经营实体得到持续发展，但是不能像私营企业那样随意处置员工。介护保险实施后，工人的时薪超过 900 日元，明显高于社区中其他兼职的收入。考虑到照护服务的工作时间较短，同时还有备岗和交通成本，这份工作其实并不十分划算。但是，从工人个人角度而言，至少这是一份可以继续干的工作。然而，虽然工人个人的报酬提高了，但另一方面，如果机构无法继续下去的话，前景也并不乐观。

考虑上述三个问题，我们可以从短期与中长期的角度来探讨可行的条件。第一，为了让机构能够作为经营实体运行下去，需要具有正确的运营成本意识。调查结果清楚地提示，机构在组织决策中需要将经营成本纳入考虑范围。正因为有成本意识，虽然介护保险开始实施时收费标准设定较低产生了影响，但是参与到介护保险指定服务商的工人合作社在经营上实现了相对的稳定运行。然而，介护保险开始实施后，由于多数服务集中在保险适应范围中费用低廉的家务援助项目，所以科姆逊一类民企在一些地区出现了撤销事务所、退出服务的情况。在保险制度的制定过程中，为了吸引服务供应商加入照护行业，将身体照护的服务价格设定为每小时 4020 日元，而家务援助服务每小时收费只有 1530 日元，二者费用相差较大，这才是问题所在。按照当初的测算，如果民营企业每小时服务的经营成本为 300% 的话，在 4020

日元的身体护理业务项目中还能有利润，但是在家务援助服务的 1530 日元费用中，按三分之一的比例来算，人工费只有 500 日元。如果时薪 500 元的话，是招不来护工的。如果要保证护工时薪达到 1000 日元以上，不仅无法收回经营成本，也无法实现赢利。当人力成本达到 70%，民营企业就无法生存。身体护理和家务援助服务之间的收费差距似乎没有合理的依据。有意见认为，在具体工作中，很难明确区分身体护理和家务援助的工作内容。如果能将两者的服务统一，把收费标准定在一个中间价格，大约为每小时 2700 日元，这样，既可以保障机构的稳定运营，也可以保障工人的收入达到每小时 1000 日元之上。后来，介护保险在实施第三年时进行调整，将“家务援助”调整为“生活援助”，每小时的费用提高至 2080 日元，但与“身体护理”的服务价格相比，依然存在着较大的差距。

第二点，要想让每一位工人都可以长期服务，必须确保他们获得稳定的收入。在一线工作的女性们要求的收入并不多，她们说，“如果到手有这么多，我就不用去做兼职了”，“这样的话，下个月我还能继续做”。在采访中她们表示，如果持续稳定地确保每个月有 5 万日元收入，就愿意一直继续工作。如此月收入超过 10 万日元时，年收入就会突破征税扣除额的“103 万日元的大关”。因此，多数女性为了保证适用收入抵扣条款，多将每月收入控制在 5 万～ 10 万日元。只有丈夫收入绝对有保障的女性才会愿意每月只要 5 万元。

而且，女性一旦离婚就不可能希望每月只有 5 万日元。尽管在 2004 年的税制改革期间废除了“配偶者特别控除”，但是“配偶者控除”并未取消。如果要缴纳的税金与收入多少不再关联，那么妻子就无须控制调节自己的收入额度，而且要求获得正当的工资报酬的意愿也会更加强烈。

机构中的女性现在的年龄多为四五十岁。假设 30 年后自己要使用这类服务，那么现在就有必要招揽二三十岁的人加入。要吸引这类二三十岁的单身青年投入照护行业需要什么条件呢？需要保证这份工作可以达到年收入 300 万日元的水平。这份收入能否保证她们在无人抚养的情况下，可以靠自己一个人的工作来养活自己，这将是她们做出选择时的关键因素。从专门学校毕业的学生有些会选择在养老机构工作，却不太愿意从事上门照护的工作。因为这份工作没有保障，收入不稳定，前途渺茫。

我曾经与工人合作社的一位 30 多岁的单身女性有过交流。她与父母一起居住在地方的一个城市，是所谓的单身寄生族。自从过了 35 岁，她便放弃了结婚的打算，开始认真思考将自己的人生规划与父母的养老问题联系在一起。她打算将福祉工作作为自己的终生工作，计划通过函授学习取得照护福祉士的从业资格。当我问她需要多少年收入，她会考虑将其作为全职工作时，她给了一个非常朴素的回答——200 万日元。如果生活在地方城市，有住房，在没有要抚养的家人的情况下，年收入 200 万日元是可以生活的。所以，我们希望愿意选择将上门照护作为全职工作的人，至少可以实现这一水平的年收入，目标是达到年收入 300 万元。

1989 年，当时的厚生省在制订黄金计划（老年人保险福祉 10 年计划）的时候，政府设定的护工收入的额度就是年收入 300 万日元。年收 300 万日元，究竟是高还是低呢？在 40 多岁的职业女性中，仅有 20% 收入超过 300 万日元。300 万日元的年收入对女性来说是一个不易企及的数额。如果是做兼职的话，是个无法实现的数额。

如果没有要抚养的家人，300 万日元的年收入足以支持一个人自给自足。实际上，目前单亲家庭中，单亲母亲的平均年收入约为 220 万日元。她们就靠着这些钱来养育子女。在双亲家庭中，如果妻子年收入超过 300 万日元，有可能会改变夫妻间地位关系。但是，只要妻子将工作量控制在抚养控除范围内，即使妻子有收入，夫妻地位也不会变化。

另一点就是完善工作人员的保险及保障措施。不仅要保障她们的收入，还要稳定她们的工作环境。据说，福祉工人合作社拥有一支高素质的队伍，是各类民企挖墙脚的重点目标。事实上就曾有一位担任调度的女性被一家民企挖走。据说她跳槽的理由是，同样是全职工作，希望能选择一家提供保险及各类保障措施的工作单位。绿色合作联盟通过让工人合作社的工作人员与生协签订聘用合同，建立起相应的保险保障制度。2003 年，绿色合作联盟成立了社会福祉法人煌（于 2008 年更名为社会福祉法人绿色合作联盟），很多工人合作社都成为伞下成员，工作人员与该法人签订劳动合同。

最后的第三个条件是，完善办公环境。工人合作社首先要考虑的环境因素是，生协作为事业主体参与到经营活动中。通过本次调查，我们的另一个惊人的发现是，基于个人的服务志向成立的工人合作社在基础设施方面得到了生协的慷慨援助。我们调查的工人合作社中，几乎所有的办公场所和办公设备都是向生协以近似免费的价格租借的。除了部分需要负担极少的租金外，其他都是免费使用。就算需要支付租金的，一般每月也只需 1000 日元或者 5000 日元，跟市场水平相比较，相当于免费。办公家具、设备、水电也都是免费使用。包括办公室里的三大件——复印机、传真机、电脑，基本是借用生协的。有的地方在开始业务时连电话线路也是借用生协的。这些初期扶持被称为基建扶持。福祉工人合作社在创立初期得到了生协提供的大量的基础设施援助，在生协的庇护与支持下逐渐发展起来。

生协给予的支持不止于此。1995 年至 2000 年的五年间，绿色合作联盟的福祉工人合作社数量增长至 50 余家，这背后离不开绿色合作联盟福祉连带基金的支持（1994 年成立）。这是一个很好的机制。所有成员每人每月提供 100 日元作为福祉活动会员基金，在此基础上，再加上大规模采购优惠额（供应商报价时给优惠部分，占整体报价的 0.5%）以及共济服务手续费，共同形成了 4 亿日元规模的基金。为了基金的成立，从组织成员的基层讨论，到机构层面的讨论，历经一系列的讨论，最终达成共识。基金决定，对于新立项的福祉工人合作社项目，每年免费提供 60 万日元的资金支持。60 万日元的标准是根据负责人每个月 5 万日元的津贴制定的。正是有了这项津贴，众多的工人合作社才得以成功启动。这一切的成果背后是生协这个庞大组织提供的大力支持。不管哪里的工人合作社，从规模上来说都可以算作小微经营体，一般以机构负责人为中心，有一个核心团体，人数少则七八人，多至十五六人，注册成员最多的有 30 人左右。这些弱不禁风的小小机构之所以能够起步运营，得益于背后的生协在创业期提供的制度上的支持。

本次研究中，还有一件事让我印象深刻。这些脆弱的市民事业体要想发展起来，仅凭市民的一腔热情是远远不够的。在他们的初创时期，本应由地方的公共团体来提供扶持，但是生协承担起对这些市民事业体的创业支援。例如，有人想开设一家小型日托所。日托所能够容纳八人，相当于一个大家庭的规模。相较于大规模的养老照护机构的食堂，八个人围坐在饭桌边更有家庭氛围。有志于此的人不在少数。一些生活在地方城市的人们想要开办日托所，他们说，“孩子搬出去了，家里老人也不在了，所以想把宽敞的房子改造一下，开一家日托所”。如果要进行无障碍设施改造，需要花费 300 万～ 1000 万日元。一般家庭都拿不出这笔费用，仅靠女性自己更加束手无策。但是，生协有足够的资金，可以帮助承担300万日元的改造费用。这起到了决定性的作用。

我一直居住在东京都，去到九州后有一件令我惊讶的事情。有一位生协相关人员希望做日托所项目，四处寻找合适的房子，最终找到了一处合适的住宅，计划给这栋老房子增加无障碍设施，改造成日托所。这是一栋平层的老房，占地231平米，建筑面积148平米。这栋房屋带地皮需要2700万日元，同时改造费用需要1000万日元。这不是一笔小钱。对于这样的使用目的，有些地区会免费或是以极低的价格提供房屋给日托所使用。但是，市民事业体发展的瓶颈就在于拿不出改造费用这笔初期投资。像这样脆弱的民间团体，在基础设施匮乏的初创期，应该由政府的公共部门负责提供相应的援助。正是因为生协替代公共部门提供了相应的帮助，绿色合作联盟伞下的工人合作社数量才会不断增加。现在九州地区，除少数几个地区，工人合作社的业务已基本实现覆盖全域。

据说，介护保险指定服务商名单中，起初NPO的数量还不到整体的1%。这的确是一个非常小的比例，但一直以来NPO总体数量也少得可怜，所以这个数字也是在NPO的不断努力下发展至今的结果。而且今后NPO肯定还会继续增加，但是不能任其随意发展，需要加以培育。那么应该由谁来承担培养责任呢？这正是政府公共部门的责任之所在。

然而，目前自治体开展的市民团体援助工作却把先后顺序完全颠倒了。民众自掏腰包创业起步，咬牙坚持两三年，项目终于有了起色。这时政府却提出要对这些项目按照业绩情况进行评估，提供一年的补贴。这难道不是在攫取市民的血汗成果吗？政府把事情的先后顺序完全颠倒了。政府要做的不是去掠夺已经得到市场认可的项目的成果，而应该向今后想要创业的人提供投资，培育扶持。风投行业中有一个说法叫作孵化器，就是向有志于创业的人提供所需的资金，提供所需的技术。所谓的孵化器，其实就是一种机制，就像是为鸡蛋提供温暖的环境，等待小鸡破壳，慢慢走上正轨。商业世界尚且如此，这些弱不禁风的民间组织就更需要政府的公共部门担负起孵化培育的责任。政府应该亲自扶持这样的市民事业体，将它们培育成为政府的合作伙伴。这正是政府公共部门的意义所在。

完善环境就包含这样的初创扶持制度。通过这些制度，可以保证市民事业体长期扎根在社区提供服务。社区居民一方面是服务的提供方，另一方面，迟早也会成为服务的受益方。在社区构建起照料服务的供需循环，就是构建全民参与型福祉。即使有民企或政府背景的机构参加到这个供需循环中，我们相信协同中心肯定会用优质的服务得到更多客户的青睐。在健全、公平的竞争与考核评估下，市民事业体是可以生存下去的。有了介护保险，只要立志于此并认真对待，就一定可以建立供需循环的机制。

重新审视介护保险

2000年9月2日和3日，日本“改善高龄社会女性协会”在长野县召开了第19届全国大会。在会上，4400名与会者通过决议，提出了《关于完善介护保险的紧急提案》。介护保险制度为实现社区福利创造了条件，但人们在实际使用时发现，该制度存在着一些不够完善的地方，希望能够进行改进，不仅对于使用者，而且对服务提供者都更加人性化。决议总结了八个需要改进的要点。这份决议内容翔实，我完全没有异议。

一、细节问题交给自治体和实地来处理

中央政府既然主张地方分权和地方自治，就不要再对具体细节表达意见。

二、简化制度

关键在于将身体护理和家政服务的报酬进行统一。没有证据表明家政服务的价值低于照护。要明确区分服务内容是属于身体护理还是家政服务非常困难。通过实地的上门服务发现，要帮助居家老年人日常生活，很难在具体服务中泾渭分明地区别身体护理和家政服务。

三、处理好家务是生活独立的基础

因此，家政援助是一项重要的支援服务。

四、使用者也要学习

需要开展对消费者的普及教育。介护保险，不仅对服务提供者来说是前所未有的，对服务的使用者来说也是有生以来的初次体验。双方都需要从体验中学习。最终，善于学习的聪明的消费者能够得到更优质的服务。

五、尊重需要照护者的意愿

即要最优先考虑用户自己的意愿。之所以要专门强调这一点，是因为在实践中往往优先考虑用户的家人或是第三方的意见，而不是尊重需要照护的老人的意愿。

六、加大对非营利组织和民间互助团体的扶持

政府不应该从已做出成绩的市民活动成果和利益中分取利益，而应该积极支持和培养。也就是我所主张的要对市民事业体进行创业期支援。

七、增设集体老年之家，建设照护城市

居家照护未来终会达到极限，但养老机构导向也面临着实际困难。因此，预计未来人们对于介于居家养老和机构养老之间的中间设施的需求将会增加，也就是集体老年之家。在调查中我们发现一个有趣的现象。九州的地方城市中三代同居的比例很高。不过在三代同居的家庭中，事实上已经没有无业在家的全职主妇了。通常丈夫和妻子都有各自的工作，白天有工作的人都离开家庭外出工作。现实中，需要重度照护的老年人白天就只能独居在家。反过来说，正因为有居家支援服务，这些老年人才能够实现日间的独居生活，从而妻子也才能安心地外出工作，而不必辞职在家。居家支援不仅对于单身家庭意义重大，对三世同堂中，实质上是

日间独居的老年人以及他们的家人来说，同样具有重要的意义。

八、确保工作人员被善待

关于这一点，我们详细地讨论一下。此次调查中照护人员的待遇问题给我留下了深刻的印象。照护工作关系到老年人的健康和生命，是一项担负着巨大的责任和负担的工作。虽然工作很辛劳，但在所有的工作人员中，几乎没有人对这份工作吐露出不满。她们对自己的工作感受到了价值和自豪感。所有人都异口同声地说，帮助别人会得到感谢，工作让自己体会到与他人联系在一起。唯一让她们不满的是雇主的态度，最多的抱怨是不满于“被当作保姆”看待。这种处境的背后是历史上人们对保姆的蔑视心理。工作人员在照护现场所承担的家务援助与过去保姆的工作类似。但“不喜欢被当成保姆”的牢骚并不等同于不喜欢自己所做的工作，而是她们无法忍受自己的工作被低估，无法忍受社会的过低评价。迄今为止，妇女在家庭中付出的劳动，在家中担任的家务、照护和育儿工作，一直都是无偿劳动。这些工作一直被认为是任何妇女都可以完成的非技术性劳动，是没有价值的。人们对工作人员的不公正待遇的背后其实就是社会对家务劳动的过低评价。对家务劳动的不重视导致了对从事家务劳动的女性的不重视，进而导致对从事家务劳动的工作人员的不重视。同样是居家支援服务，上门护士就可以获得很好的社会评价。所以，对上门照护的低评价与对家务劳动的过低评价是有关联的。一些有偿志愿者说，他们无法接受通过家务劳动获得报酬，还有人说，因为做家务而得到报酬，会伤害他们的自尊心。但是，希望他们注意，他们这样的说法只会更加拉低社会对家务劳动的评价。

当我开始研究家庭主妇的劳动时，我的脑海中就曾出现过这样的问题。为什么女性所担负着的与生命息息相关的工作，如生育、抚养和养老送终，都是无偿劳动呢？为什么对女性从事工作给予的评价是无限接近于免费呢？在目睹了母亲的一生后，为了解答这些问题，我开始了对家庭主妇劳动进行研究。20 年来我一直围绕“无偿劳动”进行理论研究，介护保险的出台给我提供了检验这 20 年的研究成果的实验场。我终于等到了这样的机会，可以开始具有历史意义的实验，检证妇女的无偿劳动能否转变为可以养家糊口的工作。这一趋势已不可逆转。我无法将视线从这场女性正在进行的历史实验上移开。

市民项目的可能性

让市民项目得以持续发展的智慧

市民项目是指由社会组织中的民众为主导开展的事业。广义上讲，可以理解为NPO，也就是非营利组织。由于日本出台了《NPO法》，在日本，所谓NPO多用来特指根据《NPO法》获得了法人资格的组织。但NPO一词本身含义是非营利组织，其中既有具备法人资格的，也有不具备法人资格的任意团体组织，既有成员共同出资组建的协同组合法人，也有“老年人事业团”这样的团体组织。生协也是协同组合法人的一种，在生协中发展出来的劳动者协同组合也可以看作一种市民项目。接下来，我们分析一下开展这些市民项目的市民事业体能够生存下来的条件。

何谓市民事业体

非营利组织既可以开展活动，也可以组织经营。活动和经营的区别非常简单。活动需要出钱出力来开展，而经营虽然也需要投入资金，但其结果是会带来收入的。换句话说，开展活动需要调动人力和信息，组织经营需要在此基础上调动货物和资金。要将开展活动的组织转变为经营组织，那么具备法人资格会更为有利。其实，不具备法人资格的“任意团体”也可以开展经营，但“任意团体”只是一个由个人组成的集体，开展经营活动时需要由负责人个人承担很多责任。作为个体经营者风险很大，个人需要承担各种责任，包括合同的签署、财务责任，甚至债务责任。此外，个人的能力毕竟是有限的。因此，在集体创业时，最好有一个法人实体来承担责任。如果没有法人资格，就无法进行融资借款。更重要的是，政府不会将业务委托给个体经营者。因此，必须获得法人资格。《NPO 法》规定的 NPO 法人，既有开展运动的 NPO，也有进行经营的 NPO，但整体而言，经营性 NPO 数量更多，因为拥有法人资格在开展业务时更为有利。换言之，如果不想从事经营活动，在日本就没有必要成为 NPO 法人。由于法律上的规定，日语中的 NPO 一词产生了不同的意义，但是，本书中“市民事业体”是指由市民作为负责人的非营利组织，无论其是否具有法人资格。

1995 年，阪神淡路大地震后，各类志愿者积极参与到赈灾活动中，由此推动日本制定《NPO 法》的进程。当时，在民营企业停摆、政府部门瘫痪的情况下，正是志愿者们调动了当时的人力、物力、财力以及信息资源。很多人都曾热切期待日本能有自己的 NPO，但是感叹日本通过《NPO 法》的可能性微乎其微。然而，虽然用“因祸得福”或许不太恰当，但正是这次地震终于让搁置 10 年之久的《NPO 法》成功落地。

《NPO 法》出台后，有人指出日本已有公益法人和财团法人，所以围绕 NPO 法人的必要性展开讨论。但是，上述的公益法人、财团法人的认可条件非常苛刻。例如，成立财团法人需要拥有 2 亿日元的资产（2008 年开始，申请条件难度下降，可以申请一般财团法人）。对普通人来说，2 亿日元实属天文数字。在市民活动非常活跃的德国，如果要创立一个非营利组织，只需要 3 个成员即可注册登记。当地政府采取的不是审批制，而是注册制。这类组织可以承接自治体委托的业务。包括不会产生很多收入的回收业务、城市清扫业务等等，德国的非营利组织承接越来越多的项目。当然，人们仅靠这类工作是无法维持生计的，但是不难想象，创造出的这些工作岗位切实为掩盖德国的高失业率做出了贡献。

在日本，为了降低作为结社法人的非营利组织的成立门槛，政府通过了《NPO 法》。NPO 虽然也具有法人资格，但它是具有公益性质的法人。正因如此，法律要求 NPO 公开账目，禁止对组织产生的收益进行分配。但是，针对企业法人并没有这些规定，因为企业基本上被视为私人活动。最近，出现了以 NPO 作为掩护的企业，也有开展营业活动的 NPO，越来越多的组织仅凭表象难以分辨其性质。

在此我们简单解释一下，同样作为法人的企业法人和 NPO 法人的区别。企业法人是营利组织，而 NPO 法人是非营利组织。因此，企业法人的目标是追求最大利润，而 NPO 法人的目标是追求最适利润。最大利润与最适利润，仅一字之差，但意义却相去甚远。之所以这样说，是因为创办企业最根本的目的就是赚钱，没有企业会在赤字时仍持续投钱。企业会根据市场规律，在看到赚钱的机会后，毫不犹豫扩大生产。但对 NPO 法人一类的非营利组织而言，除了赚钱之外，还有别的存在理由。对 NPO 而言，只要组织可以维持运转，就不会去追求更大的利润。这类组织多活跃在社会有确切需求，却难以赢利的领域，如福祉以及环境保护。最近，福祉工作已成为“可以养家糊口的工作”，引得众多民企纷纷入场。这不禁让人产生疑问，这种救济弱势人群的工作真的可以委托给以赚钱为第一要务的企业吗？尤其当接受服务方是无法保护自身权益的弱势群体时，将福祉保障服务交由民企的做法过于危险。我认为，福祉民生相关事业最好交由市民事业体来负责，他们不追求盈利，会根据客户的需求持续提供有品质的服务，他们不求靠此发财，只希望保障成员有一定收入，这种持续性的工作方式更加适合福祉民生工作。

任何组织都不能靠自掏腰包来延续。市民事业体要获得持续的发展，就需要保证组织的成员可以凭借这份工作维持生活。但这些市民事业体在本就无利可图的领域中如何达到自负盈亏的状态呢？以美国为例，在美国的 NPO 的总收入中，20% 来自个人或组织的捐款，30% 来自公共机构的补贴，剩下的 50% 来自自身的业务收入。在美国的制度下，只要保证业务收入能占总体收入的一半，该组织就能延续下去。这样的话，组织的延续变得不再困难。如果日本也能达到类似的状态的话，那么 NPO 组织的未来将会十分光明。

在美国，企业及个人向 NPO 捐款可以享受税收优惠，相应的捐款也是免税的。与其交税被用在自己不能接受的用途，不如把这部分钱捐赠给自己喜欢的 NPO。这也可以理解成为另外一种缴税方式，一种可以将税款用于自己指定的公共目的或用途的缴税方式。比如对大企业而言，为了宣传自身，可以选择向地方捐款用以冠名天桥或公共设施，这样更具有公益性质。美国有针对捐款的税收优惠政策，但在日本要实现这个目标，需要修改《NPO 法》。2001 年后，日本也对此法进行修订，允许符合一定条件的、政府认证的 NPO 法人享受税收优惠。但因为认证门槛过高，并没有产生实际效果。按照目前的情况，由于 NPO 法人的申请手续复杂，且成为法人后并没有额外的益处，所以大部分市民团体并没有选择申请 NPO 法人资格。

与政府的合作

如前文所述，美国 NPO 的收入中有 30% 来自公共团体的援助。对市民事业体从事的这类难赢利事业来说，公共的支援十分重要。如果是有利可图的领域，民营企业自然会迫不及待地参与。而市民事业体参与的是那些本应由公共机构负责的领域，社会有需求，但供给不足的领域。因此，公共机构理应对市民事业体进行扶持与补贴。具体措施包括与政府的合作以及业务委托。今后，随着行政改革的深入，行政服务外包将越来越普遍。希望政府选择市民事业体作为合作伙伴，而不是民间企业。如果还没有这样的市民事业体，就去培育。市民事业体并非一开始就存在的，政府需要去播种、培育，挑选自己的合作伙伴。政府要对市民事业体进行创业期援助。

虽然有些市民团体也会与政府存在对立，而且有时这些对立也是需要的，但是，市民与政府应该更多地进行接触，开展合作。在政府中工作的每个人本就是普通的公民。无论是什么样的组织，最终都是靠人来运转的。行政人员的素质是关键。对市民事业体来说，能够与行政组织中的高素质工作人员成为盟友，意义重大。

风投行业有孵化器机制，会针对刚刚起步的初创企业，在早期提供资金和技术经验的支持。根基不稳的市民事业体虽然不是企业，但是更需要这样的支持。

创业期援助不能基于绩效，而要放眼长远，就如购买期货一样。无论什么企业，开始一个新事物都是具有风险的，是一场冒险。企业的英文表达 enterprise 一词中也有冒险的意思。而风投的 venture 一词就更为直接，有赌博的意思。正因为是赌博，所以没人知道输赢。所以愿意参与赌博的是风险投资，提供援助的是孵化器。同样，政府需要向市民事业体，向敢为人先的市民活动进行前期投资（进行孵化）。这种机制健全与否，将会很大程度地影响市民事业体的培育发展模式。

开展照护事业，虽然无须建楼盖房，但是需要将普通民居改造为小型日托所，需要 300 万日元增加无障碍设施。一直以来，市民在启动项目时需要自掏腰包，还得咬牙坚持两三年，待经营稳定后才能获得政府的年度补贴。迄今为止，政府与市民间的关系仅止于此。可以说，政府只会在市民事业体做出成绩后来分一杯羹。然而作为政府，不应该只关注成果。如果不对市民事业体提前投资，市民事业体就无法发展壮大。

如果有一个身先士卒的带头人表态愿意创业，希望政府能助他一臂之力。希望政府能帮他们负担资金、场地、设备、办公用品等初期成本，而不只是做出口头承诺。全国各自治体有这方面的先进事例。其中大津市的老年人福祉服务全国闻名。当地政府为一家叫作“大津健康俱乐部”的老年人援助组织提供了为期三年、每年 100 万日元的补助（该措施于 2005 年结束）。政府应该提前对机构进行投资，而不是事后根据机构的成果进行评价。要替他们承担风险，期待他们的成长。同时，还需要聘请第三方机构对补贴对象进行遴选和评估评价。另外一个例子是东京都武藏野市的“千万老年之家计划”。武藏野市是全日本闻名的先进的福祉自治体，这一计划对老年人服务项目提供最高 1000 万日元的补助金。项目的革命性举措在于，政府的补贴除了可用于支付业务的运营费用外，还可用于支付专属职员的工资。NPO 的专属职员的年收入在 200 万到 300 万日元之间。这个工资水平虽然只够维持专属职员的生活开支，但项目的开展的确可能创造出更多的就业机会。

对市民事业体的初期扶持需要注意以下几点。

第一，扶持应该有一定的连续性，而不是按单个年度。假如扶持对象机构第一年的业绩没有提升，请耐心等待。希望政府能从长远的角度来对待机构的发展与业绩，给机构三年时间。

第二，在耐心等待机构发展的同时，需要在第三年、第五年等时间节点上对项目进行严格的审查，避免出现既得利益化。在以往政府与市民团体的合作中，出现了市民团体向利益团体发展的趋势。在男性主导的社会中，不愿放弃既得利益导致官商勾结的例子数不胜数。在女性主导的社会中并非可以完全杜绝这样的情况。为了排除既得利益，防止市民团体转变成利益团体，有必要引入审核评估体制。每年一次过于频繁，建议以 3 ～ 5 年为限，对项目进行审核、调整。

第三，保证审核评估机制公开和透明。如果由政府来进行审核评估，最终会导致各机构朝着有利于政府的方向发展。行政服务真正的使用者是公众，而不是政府。所以，有市民参与的公开的审核机制可以避免行政上的武断或诱导，有可能实现相对公正的评估。接受政府委托的市民事业体，可以在合同期内主动提议透明的考核评估机制，在自己参与制定的评估体制下，努力经营，生存发展。

第四，为了防止市民事业体与政府出现不对等关系，市民事业体要避免过度依赖政府，提前进行业务规划。我所了解的一家 NPO 努力控制政府部门委托的业务量，将其保持在 50% 以内。

第五，随着时代与环境的变化，仍然会有市民事业体退出历史舞台。企业也是一样，五年、十年后，市场会变化，用户的需求也会变化。因此，一家企业如果现在还在做和五年前相同的事情，自然无法逃脱被淘汰的命运。这就是企业所处的时代。当企业都在努力发展的时候，没人能保证市民事业体能够凭借某一次的好想法，而在未来的五年、十年延续下去。就算再强调市民事业体的公益性，埋怨社会不能理解我们高远的理想，也不会有益于市民事业体的稳定发展。市场在变，我们也理所当然要做出改变。与企业的命运一样，如果做不到因时而变，终将被淘汰。企业为了生存，每天都在竭尽所能跟上时代的变化。市民事业体没有理由不与时俱进。在市民事业体与政府的合作关系中，有必要引入新机构加入、更替、退出的机制。此外，还应该引入防止市民事业体的既得利益化的相关机制。

随着行政服务的外包以及公众参与，政府的组织规模自然会精简缩小。在行政组织改革的背景下，未来公务员的人数不会再增加，而且实际也不需要这样效率低下的公务员。那么，精简后的行政机关中，留下来的少数精英公务员应具备什么样的能力呢？我认为，他们需要具备足够的见识，可以让他们准确掌握市民的需求，找到满足需求所需的人力、活动、信息等各类资源，配置已有资源并开拓新领域，他们需要具备统筹实现上述需求的综合能力。要做到这些，公务员必须建立好与市民的联系。我们不需要每天朝九晚五，一直坐在办公桌前的公务员。案头工作或重复性工作交给外包团队就好。希望公务员可以把一半的工作时间用在办公室外，希望公务员在着装方面做出改变，以适应随时外出的工作需求。特别是应立即取消现行的女性公务员制服。如果去办公室，也请不要再换成拖鞋。看到公务员身上的制服和脚上的拖鞋，我们立刻会意识他们根本没有走到群众身边的想法。只靠坐办公室就能做好行政管理工作的时代已经一去不复返。公务员如果不能在与民众的合作中起到关键作用，就失去了存在的意义。

所有权与经营权不分家

尽管目前NPO认证程序烦琐复杂，但市民事业体仍然选择接受认证，成为法人。这是因为，与非法人团体相比，法人可以作为合同主体，面临风险时承担有限责任。法人资格中，还有另外一种协同组合法人，例如高龄者事业团、农业协同组合、消费者协同组合以及生产者协同组合就属于此类。工人合作社是隶属于消费者生协旗下的非法人团体，目前拥有法人资格的合作社数量还很少。现在，工人合作社正着手建章立制，这一进程完成后就会出现一种新的、不同于NPO的法人资格。相信届时会受到更多的市民事业体的青睐。NPO法人的负责人和理事组成的理事会拥有决策权，其专属职员与NPO法人间是雇佣关系。在组织形式上，NPO拥有同企业法人一样的组织结构，所有权与经营权是分离的。实际上，它的组织原理也与企业法人无限接近。我经常听到这样的说法，《NPO 法》出台后，男性在民众的草根运动中突然变得强大起来。事实上，男性在企业组织中积累的技术经验也在 NPO 法人组织中发挥着作用。换一个角度说，《NPO 法》所依据的经验技术并不是在市民活动中得出的经验教训或组织原理，这很有可能让 NPO 成为企业社会的缩影。

我认为，市民事业体更适合采用工人合作社这样的协同组合法人的形式，因为在企业法人、NPO 法人和协同组合法人之间存在着本质的不同——所有权与经营权是否分离。在企业，所有权与经营权是分离的。企业的所有权即股票。股票可以自由买卖，可以出让给与企业没有任何关系的人。从法律层面上来说，协同组合法人无法实现这一点。从理念上来说，协同组合的所有权与经营权不分家（当然具体情况很复杂。像农协之类的大型组织，即使宣称所有权和经营权有所区分，也无法让人信服）。在劳动者协同组合（工人合作社）中，所有权、经营权、工作都是不分家的。那么，之所以选择成为法人而不是个体经营者，是因为成为法人可以明确限定相关人员所承担的法律责任，即采取有限责任制，只承担限定内的责任，不负担超出限定的责任。股份制公司的优点也在于此，即使公司破产，自己所持的股份相应的部分化为虚有，除此之外的责任无须负担，所承担的责任是与自己的股份相对应的。拥有法人资格的好处就在责任是有限的，而不是无限的。因为股份制公司以营利为根本目的，所以扩大生产是公司的至上目标。公司的价值理念是，只要有商机，就要不断扩大市场，发展壮大。但是，规模大真的是好事吗？就像消费者生协，一直在追求规模效益，希望通过大批量采购、销售，使产品单价更加低，但这样真的好吗？特别是在福祉服务领域，服务商品并不具备规模优势，大量供给并不会带来成本的降低。如果将成本核算的原理应用到服务商品中，势必会反映到工人的待遇上。企业追求最大利润的原则并不适用于维持服务产品的品质。服务型事业体的性质决定了它并非规模越大越好。此外，对工人合作社而言，在所有权与经营权不分家的原则之下，更大的规模就意味着在达成共识时需要更大的成本。所以不能盲目扩张。在这一点上，市民事业体的工作方式与重视效率的市场规律相左，这也是市民事业体的特点之一。

劳动的自我管理

工人合作社这样的劳动者协同组合的优点在于，工作人员可以自主管理工作。自己决定工作方式，自己选择同事，没有老板。对员工来说，职场的所有压力中，最大的压力就是在不喜欢的上司手下工作。自己当老板，是一种极奢侈的工作方式。而且，如果是协同组合法人的话，也不用像个体经营者一样承担责任，没必要羡慕那些打工人。因为摆在那些公司的男性打工人面前的是，无论工资多少，只要一纸调令就被随意打发的命运。

为实现劳动的自我管理，必须进行充分的沟通，否则会在命令的发出者与接受者之间产生落差。为此必须进行充分的沟通，要把这个沟通成本作为维持市民事业体发展的成本加以重视。这样，虽然会加大市民事业体的沟通成本，但正是基于这样的决策过程，具体的工作内容是由自己决定的，因此服务的质量得到保证。所以相较于追求效率，市民事业体应该更加重视沟通。市民事业体的目标是通过选择自身认同的工作，使劳动从增量向提质转变，而不是追求长时间、高收入和效率优先。泡沫经济时期，日本一家头部企业曾经组织过一个劳动研究会，我也曾受邀在研究会上发言。这是一个非常有持久力的研究会，主题是从根源上探讨近代以后的劳动形态。劳动在英语中叫作 labor，除了劳动之外，这个词还有阵痛的意思。妇女分娩时的痛苦、疼到满头大汗就是 labor。工作真的痛苦吗？为什么工作不能是快乐、享受呢？工作有没有可能和游戏一样呢？工作和休闲在任何情况下都是相悖的吗？这些都是研究会试图探讨和解决的问题。如此奇特的企业主持的研究会，也只有在那个企业、在那个相对宽裕的时代才会存在。研究会最终得出的结论是，能够将劳动质量作为问题进行讨论的人群，在日本属于特权阶级，他们不需要靠劳动养活自己。他们就是家庭主妇和年轻人。即使是精英打工人，也不可能去质疑自己劳动的质量。这就是打工人的宿命。最近在青年人中流行的“换一种工作方式”，以及年轻人热衷于前往非营利组织应聘的现象，应该都是他们想摆脱打工人身份的表现吧。

信息公开

对市民事业团体来说，信息共享非常重要。实现了信息共享，可以避免形成命令的发出方与接受方这样的权力结构。在军队的组织方式中，信息是集中起来统一管理的。上情下达的方式可以大大提升信息的效率，对信息的管理也较为容易。信息集中在一个地方，便产生了权力。“信息即权力”的说法展现了信息社会中信息的重要性，信息甚至成为继暴力、财力与权力之后的“第四权力”。这一点在不受金钱与地位差距影响的人群中更为明显，例如在市民事业体的组织中，谁拥有了信息，就意味着拥有了权力，即拥有了决策权。市民事业体之所以在沟通问题上投入如此的精力，首先就是为了避免出现信息集中。避免信息集中，组织就可以维持发展，而不需要依赖任何个人的力量。为此，市民事业体需要建立起一种体制，保证当团体的负责人或核心人物空缺时，其他人也可以代为处理相关工作。正因如此，需要进行信息共享。因此，要考量自己所在团体的机制是否健全时，可将此作为一个考量项目——如果现在的负责人离开，团体是否可以正常运营？

作为团体的负责人，也需要向自己提出同样的问题。如果认为离开了自己，组织就无法运营的话，那就是一个不合格的、中小企业的独断的“大叔型”经营者。事实上，一家公司没有了领导照样运营，甚至有时会发展得更好。不担任领导工作的人也应该经常自问自答，如果自己所在团体的领导离开，自己是否能够随时代替他？也就是说，需要通过建立机制来避免出现权力集中。成立市民事业体本来就是为了避免这种发号施令与被命令的上下级关系，如果组织运行中再次生产出这样的关系，就是本末倒置。

去除专业化

去除专业化与信息共享是相互关联的。虽然在具体照护工作中存在职责分工，每个人对不同岗位也存在一定程度的岗位适应性，但是，确保岗位、功能的可替代是保障一个市民事业体健康发展的条件。这与家政服务有着相通之处。照护服务恰恰与主妇面对的情况非常相似，同样需要全天候待命，以应对将要发生的任何事态。无论发生什么情况，主妇都不能说这不是我的专业，我处理不了。照护服务也有着类似的特点，照护人员不能以不是自己的专业为理由而对眼前的状况视而不见、置之不理。因此，政府相关部门针对介护保险中“不恰当使用”等开展的指导普及工作，在我看来完全是“多管闲事”。充满了各种限制的介护保险，无论怎么使用，额度内的服务都远远不能达到自立生活的要求。所以，可以把决定权交给使用者，用户会根据自己的生活情况，按照符合自己需求的优先顺序，决定如何使用相关的服务。

如果说专业化意味着细分化与特殊化，意味着做什么不做什么，那么我们不需要这样的专业化，不需要这样的专家。护士领域的分工专业化造成了护士只进行医疗性护理，而不做清洁性护理的分工。因此，从这个层面上来说，护理工作分工的专业化以及与此相应的一线护士的职位序列化的不断发展，在我看来并不是一件好事。现在，旨在通过实现护士专业化来提高护士地位的一系列举措或许正朝着危险的方向发展。在照护服务领域，如果照护只负责身体照护，而将其余的（精神上的）照护交给心理专家，这样的职责分工与专业化，对服务方与被服务方来说，都不是一个富有成效的发展方向。一位可以应对任何情况的全天候型服务人员绝不比一位专家逊色。

分权与直接民主

在管理运作方面，市民事业体需要的是分权与直接民主，也可称为现场的裁量权。我们从当初的阪神淡路大地震中学到了各种各样的经验，其中之一便是认识到现场裁量权的重要作用，这正是致使当时的行政部门瘫痪的原因之一。有必要扩大一线负责人的自我决定权，将资源与权限下放给处于一线的工作人员。此时，上司要做的就是承担最终的责任。因为下属的工作如果取得成果，将成为上司的成果，所以上司也需要对一线的失败承担起责任。这正是组织存在的意义。

直接民主不是形式上的平等，这正是直接民主相较于间接民主的优势。间接民主，也叫代表制民主，是通过一人一票选举出代议者来参加大会的平等主义。代表制民主选举必须达到法定人数，需要写委托书，表决要按照少数服从多数的原则。这种形式上的平等已经让所有人都心生厌倦。

一人一票这种形式上的平等，在我看来就是一种“恶平等”。世间众生，有人富裕，有人贫穷；有人有能力，有人没有能力；有人声如洪钟，也有人声音微小；有人虽然什么都不说却可以与他人和谐相处，也有人不是这样。既然如此，人们参与民主的方式不也可以多样化吗？可以深度参与，也可以轻度参与。直接民主允许人们以不同程度来参与。

长期以来，市民运动与女性运动围绕着直接民主一直在不断地试错。虽然这些社会运动已经发展成为具体的事业团体，但是不能因此对这些从实践错误中学到的经验视而不见。市民事业团体存在的理由就在于充分借鉴社会运动的经验教训，将社会运动与事业团体共同的理念进行到底。

下面介绍几条从社会运动中学到的原则，其实这些原则来源于一些实际的样板。在 20 世纪 50 年代末发生的极为激烈的煤矿斗争中，有一支采取直接行动的队伍，是由现已去世的谷川雁组建的大正行动队。这是一支做好准备进行自杀性爆炸的所谓恐怖分子队伍。在组建行动队时，谷川确立了以下三项原则。这三项原则除了被 20 世纪 60 年代的市民运动所继承，例如以松散形态组织的“越平联”（全称：给越南带来和平的市民联合），在民间的女性运动中也发挥着生命力。

这三项原则内容非常简单，但的确是在深思熟虑后得到的结论。

第一，想做的人做，不想做的人不做。

第二，想做的人不强迫不想做的人。

第三，不想做的人不拖想做的人的后腿。

第一点显而易见。第二点是理念先行的市民运动应该引以为戒的自律事项。因为运动领导人的思想往往容易陷入傲慢思维：自己在做如此重要的事情，为什么别人不追随自己？上述这两点，大多数人应该能做到。但对人们来说，第三点原则或许是一个盲点，要做到非常不易。自己不做，也不让别人做，这是一种要求与集体保持一致的压力，这种负面的压力一直在削弱着集体的活力。可以说，这种直接民主主义一直是市民运动应该回归的原点。

我本人曾参与一个关西的日本女性学研究会。该研究会已经废除了一人一票的代表制民主，不再召开全国大会。虽然没有了大会的形式，但分布在全国的四百人规模的组织依然在正常运作。由自荐产生的运营委员会取代了大会选出的理事会，做她们想做的事情。换言之，如果谁有志于开创新的事业，只要自荐报名成为运营委员就好。运营委员会也有以下三项原则。

第一，不代表任何人。

第二，不被任何人代表。

第三，干活的人也要发表意见。

反过来说，发表意见的人一定也要参与到具体的工作中。不允许只动嘴，只会指派他人的行为。在这样的集体中，极力避免使用“代表”的字眼。运营委员会既没有会长，也没有“代表”(负责人)。没有会长，委员会照样正常运行，因此不需要有会长。别人无法代表自己，如果有什么意见，自己去表达。既然表达了意见，就要一起参与工作。不参与的人就请闭上嘴巴。这些原则其实就和“哥伦布的蛋”一样极为简单。一般来说，嗓门大，干劲足的人往往都会带领着集体往前走。这是不可避免的，这种能力就是所谓的自发领导力。在对别人发号施令之前，你自己必须充满活力，这样别人才会参与进来。如果对这样的做法感到不爽，你可以说出自己的想法并付诸行动，参与其中。通过这样的方式，运营委员会建立起一个体系，大家可从各自的立场出发来保持与集体的关系，既可以深度参与其中，也可以保持一定的距离。

适度参与

许多的市民事业体都起源于市民运动。而将市民运动转变成市民事业体来运营时，非常重要的一点是保持适度参与。一般来说，理念先行型的市民运动的领袖往往容易陷入一种思维模式，为什么我全身心地投入，大家却没有追随而上？如果回到上一节中所列举的三项原则，你自己拼命努力是你的自由，你通过努力实现自我满足，获得了这样的回报不就足够了吗？这样，领袖不能以自己努力为理由来强制要求别人也这样做。不能因为是对社会有益的事情，就想当然地要求别人同样为此献身，为此自我牺牲。曾经的社会活动家，就像公司要求员工那样，以另外的一种方式，强迫要求自己、要求别人做出灭私奉公的努力。如果是公司职员，当然可以说是为了挣钱，但是如果拿社会正义来强迫别人灭己奉公，这样的要求就太过分了。在不顾及个人生活这一方面，工会活动家和革命家，要比拼命三郎般的企业战士更加没有底线。过犹不及，任何事情超过限度对身体都是有害的。任何活动都只不过是我们生活中的一部分。如果能够认识到，不是我为事业而活，而是事业为我而存在，那么过度的奉献、过度的投入就都可以得到控制。此时，如果有“碍手碍脚”拖累的家人，或许正好可以帮助我们处理好这其中的平衡。

为自己，而不是为他人

市民事业体的原则首先是互助（共助）。互助的目的是什么？一般来说，大多数人处于自助与公助的夹缝中，成为公共援助的对象还不够，但要完全实现自助，负担又太重。因此，互助的最初动机其实是为了获得帮助，得到救助。这就是市民事业体的出发点。如果是为了自己而做，那么自然会在自己力所能及的范围和满意的范围内来付出努力。因此，没有必要像某些宗教家那样发誓要“后天下之乐而乐”，也无须为没能救助没有自救能力的人而感到自责。要认识到市民事业体的局限性，应该由公共援助负责的部分，我们要做的就是动员公助系统来提供帮助。公助系统正是为此而存在的。

帮助别人最终也是为了自己。或许最终福报未必会落到自己身上，但即使这样，我们依然选择帮助别人，是因为这样的做法对现在的自己来说是有意义的。所以，帮助别人不是为了投资未来，而是为了满足现在。帮助别人，不是为了别人，而是为了自己。也许有人会说，“这不就是自我满足嘛”，面对质疑，我们无须退缩，尽可以大方回应说：“这有什么错呢？你自己的生活不也是在自我满足嘛？”在自我满足意识的背后，是人类无法独自一人活下去的事实。所谓“我可以独自一人活下去，可以不麻烦别人活下去”的想法，其实是一种切断关系的逻辑。我为什么在这里？有人需要我存在吗？正是在思考这些问题的过程中，诞生了所谓“多管闲事”的市民事业体。与其觉得自己是在为崇高理想而努力，不如把自己的付出当作一种“小小的多管闲事”，这对自己和他人的心理健康都有好处。那些愿意尝试投入福祉服务的往往是孩子已长大离开的女性。对她们而言，曾经那么依赖自己的小小的存在，曾经以为离开自己后一刻都无法生存的那个小家伙，自己曾经手握着“生杀予夺”大权的、那个幼小的无助的存在，已经不再需要自己。注意到这个事实后，心中无比失落。正是那份寂寞，促使她们投身福祉服务领域。

人类希望在自己的有生之年被人需要，我认为这非但不是不纯粹的，而且还是极为自然的动机。被他人需要，哪怕是陌生人，能得到一句感谢，让自己体会到活着真好，这就叫作自我满足。我认为这样就很好。即使被人说自我满足，也完全没有必要因此而怯弱。我，希望有人需要我。正是这样的我们，创造出互助的体系。

“隐性劳动”的评价方式

女性的一生，很多时间都花在家务、育儿、照护等工作上，但一直以来这些都是“看不见的劳动”，即“隐性劳动”。如果主妇再就业，她简历中的工作经历一栏中，只会记录到成为主妇前的上一份工作，此后就是一片空白。所以主妇的离职与求职才被称作“中断职业经历”和“再就业”。然而，从社会层面来看，女性的工作经历真的是一张白纸吗？并非如此。我认为，家庭主妇的经历就是她们的职业经历。女性可以充满自豪地大声说，“这些就是我的职业经历，我还有在市民运动和社区活动的经历”。我们需要思考如何以更积极的方式来评价隐性劳动。

不仅家庭中的隐性劳动无法消除，集体中的隐性劳动同样无法消除。主妇的角色会出现在任何一个团体中。需要有人负责管理，需要有人承担辅助支持工作。这些发生在现实中的隐性劳动，必须有人来付出的必要劳动，需要找到一个恰当评价方法。

隐性劳动有很多种类型。比如，上下班的通勤就是一种隐性劳动，有观点认为应该对此进行评价。一个女性事业团体考虑采用有趣的方式来进行评价这种隐性劳动。具体做法是：将该团体开始工作的时间定为十点，要求所有员工九点从家出发。由于各自通勤距离不同，有的人可以在一小时内到达，也有人会超过一小时。员工晚于十点到达也不算迟到，因为从离开家时，就算开始劳动了。该团体通过这样的方式来计算隐性劳动量。此外，当员工家中出现了家务、育儿或照护负担时，单位会根据员工在家的工作量对单位的工作量进行相应的减免。他们在职场中真正实现了“公私不分”的工作方式。从职场的原则来看，这似乎是破坏规则的行为，然而，职场规则本身，起初就是在劳资双方的你消我长的拉锯过程中被历史性地创造出来的。一个采取自我管理工作方式的市民事业体，无论创造怎样的规则都没有问题。

与“中途离职者”的交往方式

与男性扎根一个职场，一干就是几十年的情形相比较，女性在一生中出入职场的变化很大。有的女性会因为家庭离开职场，当情况变化后也有可能重新进入劳动力市场。还有些女性在市民事业体工作，尽管她们对工作的内容与方式很满意，但由于所在地的工资至今依然低于当地的最低工资水平，所以，当生活中面临较大的财务压力时，她们就只能去选择收入更理想的兼职工作，特别是在子女念大学这一阶段。一般认为，女性 40 ～ 50 岁期间是一个家庭经济状况最为紧张的阶段。在这一阶段，家庭需要支付孩子高等教育的费用，同时，男性户主在进入中高年龄段后，工资的增长速度也会放缓。在日本，学生的高等教育费用一般是由家长个人承担的。当孩子希望继续深造时，父母很难因为家里经济情况不好，而要求子女放弃进入私立大学的想法。就算家里再困难，多数父母也会努力让孩子念到大学。目前中老年女性再就业的一个非常大的动机就是为子女筹措教育费用。在外兼职打工的母亲多数是为了赚取子女的生活费。她们就算咬牙坚持，也要干完四年。如果遇上子女选择复读或留级，这一阶段便会延长。很少有子女会体恤父母的状况，对家有大学生的家长来说，这是一个很严重的问题。因此，尽管这些女性多有无奈，却不得不中断社区的活动、市民活动。在这种情况下，这些选择离开志愿者活动或社区活动、选择重新去兼职打工的女性往往会被曾经的伙伴们视为“背叛者”。

除上述情况外，有时女性还会因为要照顾老人不得不回归家庭，或是因为丈夫工作调动不得不离开曾经生活的地方。女性在一生中会不得不面临数次不以自己意志为转移的大的变化。我们可以更积极地面对这些变化。当有成员暂时离开时，曾与我们一起奋斗的伙伴们是这样做的：她们会为离开的人送行，并且告诉她，“如果 PTA（家长教师联合会）的工作轮到你了，请积极主动地接受任务”，“我们命令你在接下来的一年时间为 PTA 服务”。在她们看来，一个无法胜任 PTA 工作的角色，在她们的组织中也是无用的。另外，当有同伴因为孩子上大学，需要在孩子毕业前的四年另外去某个职场做兼职，她们一样会将其“外派”。她们认为，不能在公司里做出贡献的人，在组织中肯定也是无关紧要的。她们会亲热地嘱咐要离开的人，在新职场多学习，掌握技术，建立人脉。她们用关切与关怀为离开的人饯行。之后，她们会与离开的人继续保持联系，至少每月一次，虽然交往并不十分密切。她们会将聚会安排在下班时间，方便大家参加。这样，通过这些周到的考虑与细致的努力，与暂时离开的人员保持相互的联系。于是，原本被认为是工作上的消极的变动，在灵活的思维方式下，反而变成组织成员外出进修培训的机会。

如何让“金钱”成为工具

对市民事业体来说，金钱是一个要回避的话题。许多的市民事业体最初起源于自筹经费的活动组织或是志愿者活动，因此对于收费的做法比较敏感。为了弱化收费的性质，各地相继创造出了地区货币、时间储蓄、地区生态货币等替代品。这是一种不同于市场原理的交换体系，在这样的理念下，各地的地方性货币正在扩大发展。但是，我对此持不同态度，主要是基于以下两个原因。

第一，地方性货币始于“创造力银行”等储蓄时间的举措，但至今为止尚未有在较长时间段内取得成功的先例。其中的原因不难推测：由于人们对服务的需求与服务供给之间无法达到平衡，总会产生供需的偏差，这样一部分人手中的未结算债权便积攒起来。理论上，如果是在一个相对长的时间段内，债权者有可能转变为债务者，这样就可以消化掉多余的债权。换一个更简单的方式来表述，现在的服务提供者未来终将会成为服务需求者，这样债务便抵消了——这就是地方性货币所依赖的“互助”原则。然而如今的时代纷繁变化，要在二三十年期间在地区范围内维持一个小规模信用体系绝非易事。过去，人们被束缚在固定的土地上，建立起“讲[1]”或“结[2]”之类的互助组织。例如，铺设屋顶的互助组织“结”一般是按照六十年为周期来组织互助服务的，这对生活在“人生五十年”的时代的人来说，即使在自己的有生之年无法得到回报，但未来在自己的子孙身上总会有所回报。而如今我们生活的环境不再是过去那种封闭的村落社会。

第二，为了避免上述困难，可以选择以货币或兑换券的形式来发行地方性货币。在实际发行的地方性货币中，有一些就是按照一“祖卡”相当于100日元、一“喵币”相当于500日元的“汇率”来换算成货币价值的。但是，为了保持地方性货币的独立性，必须杜绝与通用货币的兑换行为，否则就会造成上文所述的债权债务的不平衡。相反，如果以兑换券的形式来发行地方性货币，那么地方性货币就只是另一种形式的普通货币。这种行为其实类似于用商品券来替代赤裸裸的金钱交易。作为一种折中的解决方法，可以使用地方性货币在当地商店交换商品，但是不可与通用货币进行兑换。

但是，无论是哪一种方法，我都无法全盘接受。因为从

1　以经济上的相互扶助为目的，以实现物品、金钱以及劳力的融通需求而结成的组织。

2　小村落和自治单位共同作业的组织制度。部落全体成员在互助精神下，帮助完成个人难以独立完成的需要大量费用、时间和劳力的工作。

这样的机制中，我看到了对金钱的蔑视以及对金钱与市场规则的根本性误解。从历史来看，货币是一种了不起的发明，然而很多人错误地将使用货币等同于市场经济。货币与市场，二者的起源并不相同。货币拥有四个功能：支付、尺度、交换和贮藏。在市场中货币的主要功能在于交换。比较而言，互助体系中的货币则主要作为支付手段来发挥作用。支付（しはらう）在日语中的起源是“祓除”（はらい/祓ら），这个词意味着去除自己所受到的厄运与“污秽”。“污秽”是自己的“负债”。货币就是用来清除“负债”的支付手段。因此，人们在寺庙捐的“赛钱”（香火钱）就是为了祓除污秽，这就是祓除的意义。货币作为一种巫术性质的支付手段，拥有悠久的历史。赠与一定会为受赠方带来“负债”，所以货币就是用以清除“负债”、使双方恢复对等关系的机制。

货币，原本是人类为了维持社会生活的一种手段。在货币独自的发展过程中，其功能与结果出现了倒错。在人的一生中，工作在不知不觉间沦为赚钱的手段。本来，人类为了生活而制造物品，后来，制造物品也沦为赚钱的手段。正是在资本主义社会，才出现了这样的倒错，赚钱成为至上无比的目的，工作也好，人生也罢，都是获得金钱的手段。

正是对金钱的过度忌避，促使地方性货币出现。当然，这一机制的产生还有另一个现实的动机。女性在现实生活中需要解决照护、育儿问题，针对女性的这些紧迫的服务需求，最终以储蓄时间的方式来解决。因为现实中女性既没有意愿，也没有能力以金钱来为服务买单，但是她们可以用时间来结算。但即使采取了储蓄时间的方式，当实际的债权债务依然出现不平衡时，就必须找到其他的解决途径。此时，金钱可以作为支付手段登场。

货币作为支付手段，最大的意义在于以货币进行的结算不会出现遗留问题。债权与债务的关系在当下当场得以清算，不会拖延到未来。金钱往来的机制彻底解决了人们的债权债务关系，同时，还保障着建立在相互依存基础上的社会生活的正常运作。市场原理与此不同。在市场机制下，价格是根据供需关系来决定的。但是，由公定价格决定的照护服务或是志愿者服务之类的价格并不依赖于市场价格，即使存在着金钱上的往来，此时的金钱仅仅是一种支付手段，服务的需求与供应不受市场规律的影响。

即使是在不依据市场原理运作的交换体系中，也可以积极地引入货币结算的方法。我们应该充分发挥金钱的作用，既无须“视金钱如粪土”，也无须为金钱而折腰。或者可以说，要运用金钱，但不要被金钱左右。

为现在投资，不为将来投资

要及时解决债权债务关系，这一思路同样适用于团体内部。即，不要为未来投资，要为现在投资。换言之，明天的

200 元不如今天的 100 元。或许这一观点很难在长期以来习惯于“功到自然成”的人群中得到认同。在市民事业体中，往往在组织没有任何利润时最为团结，一旦开始有盈利，组织就有可能朝着瓦解的方向发展。为了避免这样的情况，有些组织会选择将利润保留，不进行分配。这种做法其实是对未来的投资，等同于强制所有成员要长时间地与组织保持团结一致。但是，与地方性货币所面临的困难一样，在当下流动性极强的组织中，成员的构成变化也很频繁，这样的做法无法保证成员能够及时享受到对未来投资的成果。因此，一旦产生利润，组织内部就会针对如何处置这些利润，应该保留还是立即分配，展开激烈的辩论。

如果将货币作为即时当场结算债务债权关系的一种手段，那么对组织与个人的关系进行即时当场结算的想法也是合理的。为了维持可以随时离开的、互不相欠的人际关系，我们可以为自己所做出的贡献要求即时的回报，拒绝强加给自己的、被迫为所谓的未来而承担的责任。市民事业体的工资被控制在最低水平，虽然大家投身于此不是为了赚钱，但至少应该保障组织的成员能够缴税，所以也应该优先在工作伙伴范围内进行利润分配。这笔收入可以用于子女教育，或是改善生活水平。这是劳动理所当然的报酬，如何支配是个人的自由，无须他人干涉。以现在为标准，在互不亏欠的情况下及时地调整组织的协同性，不强行要求成员为忠诚、为信任进行投资，这才是市民事业体所需要的组织方式。

“个人”与“协作”的关系

最后，我们来探讨“个人”与“协作”的关系，思考孤独与连带之间的关系。一个人活到四五十岁，就会渐渐地深刻认识到无论有无家人，无论有无子女，最终还是独自一人迎接死亡，没有任何人可以代替自己死亡。来到这个世界时，我们每个人应该也是赤条条地独自而来。虽然母亲给了我们生命，但呱呱坠地时的啼哭是婴儿在经过无尽的努力后才获得的。生亦独来，死亦独往，这一份孤独虽让人刻骨铭心，但在由生至死的人生旅途中，希望陪你共同走过一程的想法，就是“协作”的出发点。家人也是这样的存在。本来没有缘分的两个人不知何故走到一起，这就是夫妻关系。所以，在从生至死的过程中，无论是否有血缘，能有人陪伴自己共同度过一段时间，即使不是永远，也是很棒的人生体验。个人与协作的关系，不仅存在于一个组织中，同样存在于社区、地域范围内，与家人的关系也是如此。在保持相互间良好沟通的基础上，在人与人之间构建起“道虽短，有幸与你同行”的关系，不正是我们现在正为之努力的事业吗？

第五章

新银发族改变/衰老

新银发族的出现

从数据看老龄化

如今我五十有余（2000 年时），属于二战后婴儿潮一代，即所谓的团块世代。终于，我也开始收到来自“醇熟社会（mellow society）”这样的老年人团体的演讲邀请。这种感觉就像是一直都在扮演公主的女演员突然被安排去演老太婆一般（笑）。

话说回来，“醇熟社会”每年举办一次研讨会，2000 年迎来第十一次会议，很多的参与者坚持多年一直参加研讨会。这个组织的成员是一群积极性很高、充满热情的老年人。在未来的老龄社会中，他们将会改变银发族的形象，成为未来老龄社会的引领者。

1999 年研讨会的主旨发言人是敬爱的岛田晴雄先生。当年的会议报告书中提到了他发起的开办公司的建议。他在讲台上对听众充满激情地发出号召，“请举起手大声说出来，我要创办这样的公司”，“是的，我要这么做”。研讨会结束一年后，那些一起在会议上振臂高呼要创办公司的人是否已经开始了他们的事业呢？

岛田先生之所以发出创业号召，是因为在零利率的时代，资金闲置是无奈之选。为了把这些“沉睡的孩子”唤醒，发挥“他们”的能力，需要开创新的事业。同时，创业还会刺激经济活力。这就是所谓的“暖钱”，不愧是经济学家才有的创想。岛田发出的号召意义不只如此，他打破了只有年轻人才能创业的固定思维，所以被称为“创想”。如今可以创立公司的不限于年轻人，老年人退休后不再受雇于人，同样可以开创自己的事业，成为自己的雇主。这种独立自主的想法，与第二人生是极为匹配的。

我们这一代在战后婴儿潮中出生的“团块世代”即将步入老龄，成为巨大的（照护）消费主力军。2005 年的人口结构中的 55 ～ 60 岁这一区间的人口就属于团块世代。三十年后的我将是一位八旬老人，那么，在三十年后的 2035

年，人口结构又会是怎样的呢？人口结构的金字塔形状不会改变，只不过这一代人将进入老龄，成为消费主力军。从老龄人口比例来看，2025 年日本人中将有 25% 的人进入老龄，也就是每四个人中有一个老年人，而我也将是其中的一员。

如果将国际上的人口老龄比例数据进行比较可以发现，与其他国家相比，日本的老龄化的特征在于老龄化进展速度快，同时老龄的比例高。

但是，老龄化就意味着困难重重吗？我不这么认为。今后即将步入老龄的人们，一定会改变过去的银发族的形象，我们可以称他们为“新银发族”。

团块世代的经历

团块世代老龄化后，老年人会发生怎样的变化呢？

在回答这一问题之前，让我们先来思考这一代人具有怎样的代际特征。

第一，在高等教育大众化浪潮的推动下，这一代人是大学大众化的先行者。相较于他们的父辈，这一代人不用很努力便实现了更高的学历。然而，尽管当时已进入男女同校的时代，但女性的升学率却出乎意料地低。在同年龄段的大学入学率达到 14% 的情况下，该年龄段的女子大学入学率却只有 5%。不仅女性大学入学率低，那个时代的女大学生在毕业后，除了去做教师或公务员外，根本没有机会进入民间企业就职。

第二，大量的年轻人从地方涌入城市，在城市结婚、建立起核家庭[1]。20世纪60年代，恋爱结婚的比例超过相亲结婚。夫妻的关系在婚后发生改变，原本是朋友式关系，不知不觉间男性作为工薪族变成了工作狂，女性则成为专职家庭主妇，开始了“男女分校”的生活模式。令人惊讶的是，在战后各年龄段人口中，团块世代的女性的家庭主妇比例最高。

第三，这一代人在进入中年后发现，在经济衰退之前男性就已经进入职业尴尬期。这些在人口年龄区间占比最大的人，虽然年龄在增长，但职场中与他们的年龄相对应的科长、部长的职位却没有增加。因此，进入20世纪80年代后半期，公司里互相称呼的方式也不得不发生改变。以前将职位放在姓氏后称呼“山田科长”，后来去掉职位头衔，直接称呼“山田桑”。而且，这一代人在进入中老年阶段后，在公司工作的丈夫工资水平不再提高，妻子不得不外出打工贴补家用。在育儿阶段时，曾经按照性别来分工的“工薪族＋全职主妇”的家庭模式，在进入中老年期后，出现了新的分工模式——“工薪族＋兼职工作兼职主妇”。因育儿而中断

1　核家庭是一种家庭形态，指由父母或父母与未成年子女或父母一方与未成年子女组成的小型的家庭。

的“M 形就职”模式成为绝大多数女性的选择。其实在经济衰退之前，妻子外出就职就已经成为维持家庭财政状况的不可或缺的补充。

第四，进入 20 世纪 90 年代，持续的经济不景气给中老年白领阶层带来了裁员的直接打击。稍早前的那一代人领到了足额的退休金，成功地躲过经济衰退的影响。而团块世代这一代人则身陷日本式经营的崩溃危机之中。

第五，从婚姻关系来看，这一代人在进入夫妻倦怠期后，会出现电视剧《金曜日（意为星期五）的妻子们》中描绘的“金妻”现象，即妻子出轨问题。这一代人在面临照护问题时，有些选择离婚，也提高了中老年离婚的比例。同时，这一代人在休闲度假时，妻子们多数不会选择与丈夫一起，而是与自己的女性朋友一同前往。

这一代人在变老后会是什么样的情形呢？在一项关于“老后是否会依靠子女”的历时调查中，以 1962 年为界，受访者选择“打算依靠子女”的比例逐年降低。相反，“不打算依靠子女”的比例正在逐渐增加。至 1995 年，“不打算依靠子女”已经成为多数人的选择。

今后，团块世代希望老后与子女一起生活的意愿会越来越低。在 1973—1993 年的二十年间，希望与子女或孙辈一起生活的受访者比例大幅减少，特别是有此想法的妻子的比例大幅降低，仅为 27%。调查显示，受访者更倾向于与配偶一起度过老年生活，而不是与子女一起。

成为生活贵族的老年人

1987 年博报堂生活综合研究所发表了一份饶有趣味的报告《银发族新潮流——长寿社会的先导者们》，这是一项对东京都的 1650 名 60 至 74 岁的男性和女性进行的调查。1996 年，该研究所又发表了另一项调查报告《银发族 10 年变化——朝着生活贵族化迈进的老年人们》，这项调查是继 1987 年《银发族新潮流》之后，对大约十年间发生了怎样的变化进行的跟踪调查。由于对调查设置的问题进行了有效的设计，因此很好地反映出这十年间银发族发生的变化。这项调查在报告书中以副标题的形式很好地概括出了银发族在十年间变化的方向，显示老年人正在“朝着生活贵族化迈进”。

那么，就让我们通过数据来一起看一看新银发族的老年生活具体发生了怎样的变化。

首先，在经济上新银发族并不贫穷。按户主年龄阶段来看，户主为 65 ～ 69 岁的家庭年收入为 547 万日元，这一数字对夫妻二人的家庭来说比较充裕。70 岁以上户主的家庭年收入维持在 460 万日元的水平。未来的老年人的经济状况并不一定会随着年纪的增长而越来越差。

这十年间，出现了一个有趣的变化。根据 1996 年的数据显示，回答“将资产用于自己的老后生活”的人增加到四成。而针对同样的问题，在年龄为 40 ～ 50 岁的受访者中，这一比例更高，为 54.7%。也就是说，越来越多的人考虑将资产用在自己身上，而不是留给子女。此外，所有受访者中，68.5% 的人希望“拥有夫妻共同的爱好”，并且男性的比例要高于女性，这一点也非常有趣。这意味着男性更希望能和妻子拥有共同的爱好，而妻子一方并不十分愿意这样。

这十年间，受访者中“参加老年俱乐部”的比例在大幅减少。老年俱乐部最初是以社区的自营业者为中心创建的紧密结合社区的组织。有报告指出，过去一直作为工薪族在外打拼的人，即使晚年想加入社区的老年俱乐部，也会像水和油一样，很难真正融入其中。老年俱乐部对于从企业或政府机关退休的人员并没有什么吸引力。

15.0% 的受访者拥有“电脑”，而年龄在 40 ～ 50 岁的人群中拥有电脑的比例为 26.7%，可以看到新银发族也非常努力。“IT（数字）鸿沟”一词出现在 20 世纪 90 年代，当时在一线工作的四十多岁的领导可以命令下属来处理电脑事务，从而避免电脑操作。而三十多岁的人要是没有下属，就不能再以不会电脑为说辞来逃避。未来的管理者们，无论有无下属，都必须掌握电脑操作。

受访者中，有 27.9% 的新银发族“拥有有效护照”，在 40 ～ 50 岁的人群中这一比例为 30.3%，二者没有太大的区别。这个数字意味着这些老年人做好了可以随时出国的准备。比起天天忙于工作的 40 ～ 50 岁的人，老年人的出国机会或许更多。

另外一个有趣的问题是："是否干涉配偶与异性朋友的交往？"选择"最好不干涉"的受访者比例为74.6%，即四人中有三人选择不干涉。在这项回答中，男女的选择出现些许差别，选择不干涉的女性比例（75.5%）略高于男性（73.8%）。这是否说明，妻子对于丈夫的女性朋友表现得更为宽容呢？这个数据也可以解读为女性希望配偶"不要对自己的异性关系说三道四"，或许这才是对这一数据的正确理解。

仅靠年金无法养老的时代已经来临

从1987年到1996年的十年间，银发族发生了怎样的变化啊？

人们普遍认为，根据过去的变化趋势可以预测未来的变化走向，这就是所谓社会变迁。因此，如果我们掌握了过去十年的变化趋势，就可以预测未来这个趋势会越发强烈。此项调查的目标对象属于"经济上有余裕的人"。第一次调查的1986年，当时正值日本泡沫经济的上升期；而十年后的1996年日本进入经济衰退期。尽管如此，在受访的银发族中认为自己的经济状况有余裕的比例，在十年间也从40.1%上升到45.2%，增加了5个百分点。

虽说如此，我们还需要有保留地来看待这样的结果。此次调查的目标群体在调查实施时年龄在 60 ～ 74 岁，这一年龄段属于所谓的年轻银发族。这一代老年人或许可以称得上日本历史上最幸运的老年人。之所以这么说，是因为这一代人是在日本的年金制度建立后进入老龄的，而且他们领取年金的时期，是年金财政尚有余裕还未出现破绽之前，所以他们是第一代，也是最后一代可以在这一阶段领取年金的人。早于他们的那一代人，在壮年的工作期间，年金制度尚未确立，所以要么是无法积累足够的年份以获得领取年金的资格，要么是参保年限过短，无法领到足够额度的年金。因此，不少人只能领到低年金或者完全没有年金。而他们之后的那一代人，未来的年金财政的发展趋势还不得而知，出现破产的可能性也是存在的。但无论未来情况是好是坏，老年人领取年金的起始年龄将会推迟，可领取年金的额度也可能被削减，这些都是近在眼前的未来。为了自我保护，人们不得不投资商业养老保险或者进行资产管理。然而，一旦政府开始实施调整通胀之类的荒唐政策，老年人的资产便会悄无声息地缩水。即使将年金与物价上涨水平挂钩，调整通胀的政策也依然会对老年人的资产有所影响。

受访者中选择“打扮得比自己的实际年龄显得年轻”或是“希望打扮得年轻”的比例，从 1986 年的 12.6% 上升到 1996 年的 16.3%，十年间增加了四个百分点。此外，回答“比起雅致，更愿意被夸可爱”的受访者比例从 44.4% 上升至 47.8%。

“担心自己性能力衰退并为此感到不安”的受访者比例从25.6%增加到39.8%。这一人群或许是“万艾可”的潜在消费对象。关于这一数据，与其解释成十年间日本人性能力衰退，不如解释为越来越多的老年人希望上了年纪还能继续性生活。

在老年人“现在进行的体育活动”的项目中，门球的受欢迎程度降低，从12.3%大幅减少到2.4%。现在很多的老年人都把门球看作一项老气横秋的运动，不愿参加。

以上的这些数据为我们描绘出新银发族希望一直保持年轻心态的新形象。

同时，此项调查中围绕老年人对于工作的态度的相关问题得到了非常有趣的结果。在老年人是否“希望能一直工作”这一问题上，受访者的实际数据与岛田晴雄做出的预判出现了偏差。十年间，“希望一直工作”的受访者的比例从27.9%下降至23.1%，表明多数老年人并不希望一直工作。虽然经济出现衰退，但是老年人并不认为必须去工作。“大家一起来创业，开公司吧”——面对着岛田充满激情的创业号召，调查数据却给出这样的答案。对于是否愿意“创业办公司”的问题，表示非常愿意的受访者从10.7%降至7.0%。这是什么原因呢？虽然此项调查中的多数受访者表示不愿工作，然而当团块世代进入老年后，或许大家不会做出这些的选择。当团块世代步入老年后，虽说也还是可以领取年金，但数额并不足以支持正常的生活，不能只依靠年金过活的时代即将到来。毫无疑问，老年人们需要趁着身体健康好好工作，获得或多或少的现金收入，运作资产来弥补年金的缺口，充分利用流动资产与固定资产来维持自己的生活。

为自己投资

新银发族的价值观发生了怎样的变化呢?

对于“是否希望留名于后世”这一问题，受访者表现得并不积极，有此意愿的老年人在十年间从 10.3% 降至 6.1%。年轻人对于同样的问题所做出的选择也显示出相同的倾向。所以，当我们在感慨如今的年轻人没有气魄之前，首先需要关注的是现实中老年人自身的价值观已经发生改变，变得更加自我。

那么，选择了“不想工作”“不希望留名于后世”的老年人，这些不愿意为社会做出贡献的老年人是否愿意将家人摆在第一位呢？调查结果显示并非如此。只有 13.3% 的受访者表示“希望花更多时间与家人一起度过”，较此前减少 3%。而“希望今后给自己的学习与教养投入金钱”的受访者从 14.3% 增加至 20.8%。人们希望把时间和金钱花在自己身上。“为自己投资”的内容之一是“学习使用电脑、打字机”。针对这一项，表示有强烈意愿的受访者从 1986 年的 5% 大幅增加至 1996 年的 11.7%。“醇熟社会”原本就是一个与 IT 相关的、依靠网络建立起来的先进的老年人团体，《祖母电脑指南》（筑摩书房，1999 年）一书的作者大川加代子正是这一团体的负责人。今后这一层次的人会越来越多。而且，在 IT 这个重要工具的帮助下，身体不自由的老年人以及残障人士也可以获取和发出信息。

受访者中，“特别希望”“拥有自己的房间或角落”的人数比例从 29.9% 升至 34.4%，“希望拥有自己的专用电话”的比例从不到 10% 上升至 20%。当下的手机市场不限于年轻人，老年人同样也希望拥有自己的专用手机。

通过以上的数据，让我们看到一个新银发族的新形象——比起社会，比起家庭，自己最重要。

新银发族的四个特征

通过以上的数据分析，我们看到老年人展现出的新形象，本书中将这些具有新倾向的老年人称为新银发族。那么，这些新银发族未来会呈现出怎样的发展动向呢？十年后、二十年后，当团块世代也成为银发族后又会出现怎样的变化呢？下面就新银发族的四个特征总结如下，其中也包括一些我的个人预测。

一、心态年轻的新银发族

第一，从数据上看新银发族的心态较年轻。近来，由于年龄关系，我与老年人接触的机会越来越多。在和许多的老年人接触后，我切身地认识到一个人成熟与否跟年龄并没有任何关系，看看自己便更有体会。我们这些团块世代的人，年轻时曾经是反抗社会的叛逆青年；后来，又成为出轨与离婚的不良中年；老了之后，这些人也不会突然性情大变，随着年龄的增加，最终也将会成为无良老人吧。看看石原慎太郎就会明白，那个曾经热衷于轰动社会的青年人，终于变成了惊扰社会的老年人。虽然年龄在增长，但是人的气质、性格与爱好并不一定会改变。当初喜欢披头士的年轻人，最终只会变成喜欢披头士的老年人。年龄虽增，但想法不变，这是新银发族的特征之一。

二、拥有资产的新银发族

第二，新银发族并不贫穷，特别是团块世代，是拥有自住房比例较高的一代人。20 世纪 70 年代至 80 年代前半期，在泡沫经济期土地价格上涨之前，他们中的很多人就已经购置了自己的房产。在首都地区，他们购置土地的时间不同，决定了他们在后来所处阶层的差异，这是众所周知的事实。土地价格的上升给他们带来了资本收益，因此他们不会向政府抱怨。即使是在泡沫经济崩溃后，不动产价格也依然高于他们最初的购买价格。就算他们没有足够的运用资产获益的余裕，无法把房屋出租以获得租金收益，但至少在退休时他们还清了贷款，拥有了一套属于自己的房子。因此，在规划自己的老后生活时，他们只需考虑以年金为主的现金流收入即可。所谓的老年人并不贫穷，就是指老年人现金流收入虽不乐观，但他们手中还掌握有固定资产。

团块世代的子女被称为团块二代，又被称为单身寄生族。单身寄生族是由山田昌弘创造的一个名词，指成年后也不离开父母、寄生在父母家中的单身者。以此命名的《单身寄生时代》（筑摩新书，1999 年）成为当年的畅销书。这一代年轻人引领着晚婚、不婚的社会潮流，他们不愿结婚，不希望因为结婚而离开父母家，从而降低建立在父母提供的基础设施之上的生活水准。

第二章中曾经论及，辻本俊树将团块二代称为"提前享用年金生活的人"，当他们赖以生存的父母的固定资产出现劣化会发生什么呢？团块世代拥有自己房屋的比例的确非常高，但是这些靠贷款购置的房屋并不都是带有土地所有权的独幢住宅，多数还是公寓房。公寓房的固定资产价值很可能会出现下跌。

诚然，老年人虽然手中的流动资产少，但是有固定资产。要判断老年人所属的经济阶层不能只以流动资产来判断，但是如何对固定资产的价值进行估值是非常困难的，所以要想对老年人的经济状况做出准确的判断相对比较困难。我曾经在京都生活，对相关情况较为了解。曾经有一位长期卧床的老人因为没有收入过着极为节俭的生活，但同时，他所居住的街道的地价每坪[1]单价高达数百万日元。如果他在

1　译注：日本在表示房屋、土地时使用的面积单位，1 坪约为 3.3 平方米。

有生之年把每坪数百万日元的土地变现，换言之，只要他把固定资产变成流动资产，就可以踏踏实实地享受老年照护服务。所以，仅就固定资产而言，绝不能简单认为老年人贫穷。

然而，对绝大多数的老年人来说，他们手中的资产就是自己现在栖身的土地，只要自己还在居住使用，就不可能租给别人。第三章介绍的武藏野市“以房担保”的举措，正是基于上述情况做出的一种尝试。老人将自己的固定资产作为抵押，在有生之年可以安心享受各种照护服务。武藏野市的做法在全国闻名，被命名为“武藏野式”养老模式。京都的老龄化比例在全国范围内处于最高水平，我曾经向京都市的有关官员建议采取同样的方式，但是却得到了这样的回答：“武藏野市地处首都圈近郊，在那里，财富都是自己创造的，自己把这些财富全部花光用尽是可以的。但是，在京都，土地是祖祖辈辈一代代传承下来的，如果在自己这代不知所终，我们是没脸去见祖先的。”所以，他们认为武藏野市的做法不符合京都的实际情况。

此外，现在还出现了一个让人担忧的情况，武藏野市的以房担保政策出现了新变化，公寓无法再用来抵押，只有土地可以继续在担保体系中用来进行抵押担保。近年来公寓房的资产价值持续下跌，考虑到施工质量，日本的公寓可能在未来二三十年间迅速出现老旧趋势，这一举措的未来走向实在堪忧。我们或许有必要检查一下自己的固定资产的价值。

再有一点，老年后的经济分层还与性别相关。有观点指出，老年男性的经济分层尚好，女性属于贫困人群，并将这一现象称为“贫困的女性化”。1998年，由樋口惠子女士任会长的“改善高龄社会女性协会”针对老年人的家庭照护实际情况独立组织了一次问卷调查，受访者为65岁以上的女性。问卷中针对“是否拥有自己名下的房产”进行了调查，其中62.5%的受访者回答为“是”。女性在丈夫离世后，作为遗孀，丈夫资产的一半转为自己名下的资产。因此，如果她们愿意把目前自己栖身的土地，也就是固定资产变现后，只要不打算把这些“美田”留给子孙，那么老年女性也绝对不是穷人。也就是说，老年人拥有足够的经济基础来保障自己有生之年的生活。不给子女留遗产，相应地，也不给子女添麻烦。

三、重视自己胜过重视家人的新银发族

第三，比起家人，新银发族更加重视自己。我们可以从数据中清楚地发现这样的倾向。他们不指望子女养老，不希望与子女共同生活，希望夫妻二人度过自己的晚年生活。进入了超老龄社会，如果子女先离世，就只有老年人的伴侣相依为命。相较于子女，与伴侣相处的时间更久远，因此新银发族更倾向于重视与伴侣的关系。不过，这里的伴侣并不一定是原来的伴侣。当作为家长的角色告一段落时，家庭可能会进行重组。有些夫妇在完成了养育子女的大业，度过了人生中的一个重要阶段后，会坐下来重新思考是否需要做出改变。在这样的时间点，有些人会更换人生伴侣，有些人经过思考发现对自己来说，也许除了目前的伴侣并没有别的选择，只好选择继续一起生活下去。一直和同一个伴侣一起生活，其实也是在每一个可以进行选择的人生节点，不断地重新选择与相同的人一起共度余生的结果。重组和裁员并非公司的专利，在家庭中同样可能发生。

在老年人的“家庭”中，伴侣的分量要重于子女。人到老年，如果没有一个可以分享共同经历的伴侣，那么，比起与家人（子女）共同生活，老年人更希望拥有可以独处的空间，可以一起玩耍的朋友以及可以表达自己的媒体。

四、喜欢玩耍胜于工作的新银发族

第四，我们从数据中还发现，比起工作，新银发族更喜欢玩。经济高速增长期的日本人严肃认真，不懂得玩，这些人进入老年后依然如前。他们视玩乐为罪恶，不懂得怎么去玩，将有益于社会和他人视为至高无上的价值。一个人的价值观不会随着年龄增长而突然改变。《妻子们的思秋期》（共同通信社，1982 年 / 讲谈社 +α 文库，1994 年）是斋藤茂男所著的畅销书，书中描述的正是生活在 20 世纪 70 年代的那些因丧失人生目标而苦恼的中年妻子的状态。在读到此书时我曾经预言，从历史发展来看，这一现象属于一过性的现象。因为，战后经济高速增长期的日本人认真严肃，不懂得玩，与他们相比，接下来的一代人擅于调节紧张气氛，喜欢玩耍。今后即将变老的一代人不同于过去那一代严肃认真、不懂得玩的日本人，他们是惯于玩耍的一代人，懂得如何去玩、如何玩得好。他们会享受老年摇滚乐队、老年人剧团的生活。“银色月亮（sliver moon）”是一个由老年人组成的业余剧团，剧团的名字是模仿少女漫画《美少女战士 sailor moon》命名的。此外，剧团还模仿漫画中的“代表月亮消灭你”这一句经典台词，在演出的高潮使用了一句“月亮爬上来后消灭你”。剧团的所有女演员都已过更年期，正是石原慎太郎口中所谓“绝经（指失去生育能力）却还活在世上的、文明之恶”的年龄段的女性。剧团中还有一位丧妻男性，作为具有稀缺价值的男演员，获得了很多的上场机会。他在失去配偶后参与到剧团中，有机会与剧团中的女性打交道，并成为朋友，意外找到了自己的人生乐趣。

这一代人喜欢旅游，享受户外运动。爬山时你会发现擦肩而过的几乎都是中老年人。即使是在滑雪场，当滑雪客摘下帽子后，也可以时常发现其中的白发老者。这是一群非常活跃的银发族。我的朋友中还有一位是机车党，人到中年依然钟情于骑着摩托到处旅游。一次在骑行中遇到警察临检，他被要求“摘掉头盔！”当年轻的警官看到一个完美的光头从头盔中逐渐显露出来时，不禁脱口说了一句“冒犯了”，当即给他敬了个礼以示歉意。

为自己重于为社会、为他人

虽然新银发族中喜欢游玩胜于工作，重视自己胜于家人，但是在“醇熟社会”社团中的成员中，依然有很多老年人积极参加志愿者活动。希望志愿者们注意，参加志愿者活动，与其说是为了社会、为了他人，其实是为了自己。一旦志愿者活动有了“为了他人”的想法，就会变成一种强加于人的“善意”。当我们为了自己而参与志愿者活动，那么无论对方是何态度，我们都不会生气。

我曾经看到一个讨论大川女士主办的“老奶奶计算机会”的目的宗旨的问题。如果说学习电脑就是为了能使用电脑来处理工作事务，那么，你或许会对老年人学习电脑的目的产生质疑。

互联网的世界里充斥着各种信息。东京大学前校长、工学专家吉川博之曾简单明了地将所有的信息划分为两种——内容型信息与按摩型信息。内容型信息是以传达内容为目的的信息；按摩型信息则是以传达为目的的信息，信息的内容本身没有意义。互联网中交织着的大量信息中，大部分都是没有任何内容目的的按摩型信息。这与小学生放学回家后立刻又和朋友通电话是同样的道理。如果没有内容目的，发送信息的行为是否就没有意义呢？有观点指出，这种交换活动的意义在于通过交换没有内容目的的信息，相互进行心理按摩。互联网也具有这样的功能。

给新银发族的四条生活指南

我也即将成为新银发族的一员，最后，我想给新银发族的生活提供四条指导原则，这也是对我自己提出的希望。

一、任性地生活

第一条，不要再想着能够有益于他人，要自由任性地生活。

1999 年研讨会的演讲者岛田睛雄在参加一档视频节目录制时曾经预言我会做出以上的主张。听闻此事我颇感惊讶，虽然事先我们并没有一起开会商讨过发言的内容，为什么他能预测到我想说什么呢？我为岛田先生的想象力感到佩服。是的，一直以来，我们的人生都是在为别人服务，这样的人生已经足够。难道不再有能力帮助别人的老年人，就没有活着的价值吗？随心所欲、任性，尽管这些字眼听起来有些负面，但是老年人可以任性，可以按自己想要的方式生活。

近年来，我和退休人员进行的交流越来越多。大家在介绍自己时一般会说“我是某某，是从事某某工作的”，如果再加上一句，介绍一下自己的爱好、擅长的生活技能，比如“我喜欢电脑”“我擅长园艺”“我很会种菜”“我的兴趣是烧制陶瓷”“我爱好唱歌”，就会立刻让人感觉到这是一个富有生活情趣的人。恐怕没有人愿意听到“我是某某，供职于某金融机构”之类的自我介绍。最让人生厌的估计要数退休教师了，如果还摆出一副好为人师的样子，一定会遭到大家的嫌弃。我本人作为其中一员，相信“已退休的社会学家”这样的自我介绍多半也是不受欢迎的，从现在开始我要引以为戒。

二、在熟悉的地方，与亲密的伙伴一起

第二条，在熟悉的地方，与亲密的朋友一起变老。即使子女邀请我们去他们的家里同住，也请不要离开自己熟悉的土地，离开自己的朋友，去到遥远的他乡。也许有人认为三世同堂是一种理想的生活状态，但是当我们年事已高，才搬去子女所在的、自己不熟悉的地方，未来很可能会变得痴呆。老年人最好在自己现在居住的地方，与亲密的伙伴们一起迎接晚年生活。介护保险不正是为此而存在的吗？一直以来我特别关注介护保险的问题，就是因为我即将迎来“没有子女的晚年”。即使有子女，对大多数老年人来说，如果指望仅靠自己生的一两个孩子来养老，那么将来的命运并不会与我有多大的差别。一旦发生紧急情况，生活在别处的子女未必能够赶回来守在老人身边。当子女请你和他们一起生活时，尽管接到邀请内心是喜悦的，但也不要欣然接受。从数据上来看，老年人与子女家庭分开居住的比例，在富人与穷人群体中相对更高。有钱人因为家庭财力充裕，两代人有能力分开居住。与此相对，贫穷人家则是因为子代没有经济实力收留父母同住，不得不选择两代人分开居住。数据显示，经济状况处于中间的阶层，虽然相对穷人来说经济上有一定的余力，但是没有足够的充裕条件去维持两个家庭，因此不得不选择两代人共同生活。这样的共同生活最好避免。

三、志同道合的人际网络

第三条，为了实现第二条，建立起自己的人际关系、交友网络是非常重要的。我们日常相处的伙伴，不同于过去的亲戚、邻居。我一直思考，我们为什么必须和自己不喜欢的邻居打交道呢？我们之所以离开农村来到城市，难道不就是为了摆脱原来那种连邻居家米缸里有多少米都一清二楚的邻里关系吗？我们未来应该打造一个既非血缘又非地缘的“选择缘”的关系网络，在这里可以互相选择伙伴。我们可以充分利用高科技的媒体来维系这个由志同道合的伙伴组成的组织网络。电话、互联网，或是快递，在大家的智慧下，都可以成为这样的高科技媒体手段。这里介绍一位高龄女性的事例。这位老妇人拒绝了儿媳一起生活的邀请，选择独自一人住在公寓。虽然旁人认为她一个人生活很孤独，但她每月的电话费高达四万日元。事实上，老妇人并不缺乏交流的伙伴。如果她改用网络来沟通，费用还可以降至十分之一。在电话 + 快递的帮助下，每个季节老妇人都会收到各地的朋友们寄来的应季食物。每次儿媳来访，都会带着意想不到的各地特产回去。即使身体不方便外出，人在家中一样可以拥有丰富多彩的社交生活。

四、做好独自离世的思想准备

第四条，尽管做好了各种养老准备，但是，最终我们还是要准备好面对最后的孤独。无论是多么亲密无间的夫妇，无论如何祈祷希望有朝一日能够夫妻“偕老同穴”，要想真正实现夫妻“同日死”实非易事。如果妻子不幸先离世，并不意味着丈夫要像江藤淳[1]那样，追随妻子的步伐，选择自杀离世。假如顺序颠倒一下，若是江藤淳先于妻子离世的话，我相信江藤太太一定不会追随他离去。尤其是女性，由于平均寿命长于男性，所以她们的丈夫更有可能先于她们去世。因此，无论结婚与否，无论做何选择，到头来每个人都将是独自终老。在人生最后的阶段，能够支持自己的不是配偶，也不是家人，依然还是朋友与伙伴。为此，我们要建立起超越代际的朋友关系。

回归百姓生活

21 世纪，我们都将迈入老年。这将是一个怎样的时代呢？我们老后的生活会发生怎样的变化呢？或许可以像岛田先生那样去创业，但是，想用创业的收入来维持生活也并非易事。或许可以趁着健康继续工作，然而，老年人依靠着工资收入养活自己也非常辛苦。时代已经发生改变，仅凭一

1　江藤淳（1932—1999），日本文学评论家，1998 年妻子离世后，1999 年江藤淳也因苦于病痛自杀身亡。著作有《漱石及其时代》《小林秀雄》《大海苏醒》《妻子与我》等。

份收入，只靠单一来源的收入已经无法满足老后日常生活所需。

在这个问题上，目前的老年人仍处于较为有利的条件，毕竟他们还有一份年金收入。可是，考虑到今后的年金财政状况，未来的老年人虽然无法期待像今天的老人那样领到足以支付自己生活的年金，但至少可以将年金作为最基本的生活保障。在此基础上，通过继续工作获得或多或少的工作报酬，这样每月还会有几万日元的进账。除此之外，如果偶尔去讲讲课，还可以获得数额不多的课酬。另外，再加上些许的利息和股息分红。要是在自家院子里种有家庭菜园，无须购买蔬菜，还有各地朋友时不时地寄来的大米和当地特产。这样，在各种途径的资源保障下，家庭收支得以成立，这种“多渠道家庭收支”将是未来日本人最现实的生活方式。

我将这样的生活方式称为“回归百姓生活”。此处所用的“百姓”一词，是借用中世史学家纲野善彦的说法。纲野认为，百姓的含义不同于农民。仔细观察“百姓”二字，会发现其表示的是许许多多的姓氏。一年有四季，百姓在温暖的季节里种植蔬菜，在寒冷的季节里居家纺织，所谓的百姓生活就是指通过各种各样的活动来维持生计，是集多种经营于一体的多元个体经营的生活方式。

我相信，回归百姓生活就是21世纪的未来。这会是光明的未来吗？或许不是，但至少是最为现实的未来。同时，这也是最可持续的生活方式，是对人的压力、对环境的影响最小的生活方式。作为生活达人，老年人比任何一个群体更有能力将这个“现实的未来”握在手中。

活着真好！

我曾经参与过一项调查，通过采访“晚年生活幸福”的老年人，寻找他们的生活秘诀。通过调查了解到，这些让人羡慕的模范老年人的共同点是爱好丰富多彩，交友范围广泛。更重要的是，调查显示这些老年人并不是在上年纪后突然形成了如此的生活方式，除了工作和家人之外，他们从很早的时候就拥有自己的爱好与广泛的交友，进入晚年后平稳地实现了“软着陆”。

或许老年人在体力和金钱方面并不富有，但他们拥有大把的时间。通过对所谓的“时间富翁”和“时间穷人”进行调查，得出的结果简单得令人吃惊。

第一，时间无法一个人消磨。

第二，时间不会自行消逝。

这就是说，当无穷无尽的时间摆在眼前，要想利用好，还需要有“伙伴”和“技术”。如果缺乏这两样，时间就会在你眼前无休无止地继续，无法打发的时间简直如同“地狱”一般。想象一下自己躺在医院病床上的时间，或者是正月里朋友们都回老家后自己独处的时间。深入细致的访谈为我们揭示出简单明了却令人信服的结果。时间消磨术无法在短时间内形成，事实上这种能力来源于孩提时代的游戏经验。换言之，如果想要晚年玩得好，就得从少年期学习并习惯如何去玩。

接下来我们重新回到老年话题。虽然围绕照护问题，业已达成全国性共识，但是目前的照护服务中除了身体照护和家务援助，并没有休闲照护的服务，对此我一直无法理解。据说有些地方会提供所谓的“生活意义援助”，但是游戏就是游戏，无须为此巧立名目，更不需要上级“施舍”的所谓援助。将老年人聚集到“生活意义援助中心”，空喊口号的做法也请省省吧。团块世代是任性的一代人，包括我在内，这一代人马上就要成为老龄队伍的主力军。上文已经提到，我在读了斋藤茂男的《妻子们的思秋期》后，了解到有些进入初老期的女性在完成育儿任务后，失去人生目标，会陷入抑郁状态。为此我感到颇为困惑。或许是因为她们从来没有玩过才会出现这样的问题？在她们那一代人的观念中，玩乐是罪恶的行为，所以她们肯定不知道应该如何去消磨时间。她们太可怜了。我们团块世代是战后第一代不为玩耍而感到内疚的人。说什么日本人不善于玩耍，这是多么荒唐的说法！即使回到桃山时代，又或是元禄时代，爱玩会玩的日本人大有人在。再看看那些出生在大正年间的人，虽然年事已高，还在跳交谊舞，看电影，他们也是懂得消闲玩乐的。

我们生活在人类有史以来最为严重的超老龄化社会中，怎样才能以丰富多彩的方式度过如此充裕的老年时间呢？关键在于是否具备了相应的技能和完善的基础设施。仅仅活着，老年生活是不完整的。老年人手中的钱，如果不消费就是一种浪费。对老年人来说，没什么东西是必须购置的。所以，老年人要想消费就只有去为体验与经历付费。不要因为上了年纪，就放弃自己想做的事情。如果身体失去某项功能，可以借助照护服务来解决。只要可以借助设备和工具，那就在设备和工具的帮助下实现自己的想法。如果这是一件前无古人的创举，就让我们来开创先河。

在这样的背景下，支援老年人和残疾人出国旅游的新服务终于应运而生。小曾户政子（コソトマサコ的音译）就是这一领域的先驱者之一，此外，还有一家组织夏威夷轮椅之旅的照护 NPO 机构“原野之花”。在旅游照护服务领域，开展日本国内旅游的门槛明显要高于国外旅游。我的一位北海道旭川的朋友成立了一家专门开展旅游照护服务的 NPO 机构，名字叫作“旅 topia 北海道”。她是一个天生的旅行家，也是一个无与伦比的温泉爱好者。她的理想就是帮助坐轮椅的老年人和残疾人享受露天温泉。这家 NPO 帮助她将理想变成了事业。

这些先驱者们通过自己的经验与业绩，积累照护旅游的技术与方法。这些经验与技术不仅方便了他人，总有一天也会在她（他）们未来的老年生活中发挥作用。只要有她（他）们，我就不会担心将来因为年纪不得不放弃自己喜欢的温泉旅行。

更重要的是，我想要大声呼吁——玩，不是罪恶。我们需要进一步挖掘老年人在这一领域的需求。即使年岁已高，就算身有残疾，并不意味着要委曲求全、苟且偷生。

虽然调查结果显示，玩耍的技能不能在短时间内一蹴而就，但无论多大年纪，我们都可以发起新的挑战。“原野之花”中的男性志愿者增野清（マスノキヨシ的音译）说：“我从小玩到大，我所擅长的志愿者活动就是提供玩法指南。”他这一番话给我留下了深刻的印象。

人生就是一段消磨时光的宏大旅程。如果这段时光长度是固定的，我希望能过得丰富且精彩。希望每一位老年人，也包括我自己，随着年岁的不断增加，能在某段经历后发出感慨：“啊，活着真好！”为此，我们的实践才刚刚开始！

后记

大概是几年前，我开始被问起："是从何时起不再研究女性问题，转而关注照护问题了？"

于我来说，这个改变非常自然，因为我本人也开始衰老。其实并不是不再关注女性问题，只是我将焦点集中到了老年女性问题。

如果我还是三十多岁，或许不会关心衰老和照护问题。那时我关注的重心是性爱与家庭。人类想象力的射程是有限的，三十岁的我无法想象五十岁时的自己。所以，每当我看到二三十岁的年轻的研究者在关注老龄社会和照护问题时，便对他们的同理心能力心生敬佩。

我的人生之旅已进入下坡路段。所谓“终生成长”“活到老、工作到老”的口号，我并不赞同。外力鞭策下马不停蹄地一直向前奔跑，并不是我想要的人生，我也不会这样要求别人。所谓衰老，就是昨天还能做到的事，今天就无能为力了；今天能做到的事情，明天就做不到了。当我爬过了五十岁的山丘，便切身地体会到这些实际的衰老体验。

尽管这些体验都是未曾经历过的变化，但也一定会成为人生中新的经历。既然如此，让我们以一种全新的心态来体会，完完全全地面对并接受自己的新现实。

带着这样的想法，就像受到了某种指引，不知不觉间我遇到了从事残疾人运动、患者学以及当事者研究的学者们。我意识到，能与他们相遇并非偶然，而是必然的结果。我发现，虽然我们身处不同的地方，但思考和实践的事情却惊人地相似。于是，2003 年，我与残障者自立生活运动的负责人中西正司先生共同撰写了《当事者主权》（岩波新书）一书。

踏入这一领域后，我了解到这就是业界所说的“福利”事业。所以最近我在进行自我介绍时会自称为“福利行业的一名新兵”。

本书是一本关于福利问题的书，同时还涉及女性问题、老龄社会问题、照护问题以及 NPO 问题。上述问题都有所涉及，但都没有各自展开。书中涉及的领域是由内容决定的，对我来说，所属领域并不重要。

过去的几年间，应各处之邀，我将自己的思考写成文章，或者在演讲会上发表，不知不觉中，这些内容已经积累到一本书的程度。我的思想在这些演讲中渐渐成形，与听众分享的过程又进一步促使我的思考更加完善，这是一段非常宝贵的经验。书中的内容，一部分是我全新的思考，是以往任何一本书中都未曾涉及的话题，我只在口头演讲中有所提及；还有一部分是对调查研究的简明扼要的介绍，这些内容本应写成正式的研究报告。其中演讲相关的内容在编入本书时已经从结构上进行了彻底的修改，改写成书面文本。因此，这本书并不是一本演讲录。

星野智惠子女士成为我的伙伴，欣然承担了本书如此烦琐的编辑工作。十七年前，我与她搭档，一起完成了《女性游戏》一书的出版。从那以后，我们彼此都在渐渐变老。去年，她终于从工作单位退休，开始了新的征程。本书也将成为她人生新篇章的一部分。

《为老年做好准备》[1]，书名就这样顺利决定了。新的经历即将展开，有没有一种跃跃欲试的兴奋感？不抗拒、放轻松，让我们尽情品味生命之秋吧！

2005 年初　上野千鹤子

补记　本书的部分内容，为 Univers 财团、文部科学省科研费资助的研究成果，特记以感谢。

1　本书的日文原版书名。

文库版后记

1997年，介护保险法出台的那一年，我即将开始50岁后的人生阶段。人生已过半程，躯体的衰老无法掩饰。

在介护保险实施之前，我便将自己的关注点逐渐转移到老年与照护方面。当然，自己年岁增长是其中很重要的原因。不知不觉间，我注意到开始收到某某亲朋好友的讣告消息，朋友中由于丧偶或离异而重回单身的人也逐渐多了起来。我深深地感受到自己的前半生已然落幕，开启了后半生。

在这样的心路历程中，我会时不时地接到一些讲演的邀请。于是我有机会把自己在当时的所思所想传达给听众，在与听众的交流中不断地锤炼自己的思想。本书的内容就是来自这些演讲录，我将其中关于老年和照护问题的讲演改写成文章。这些文章反映出自己的思想伴随着时代的节奏不断塑造成形的过程，读起来应该有一种现场感。

书中不仅有自己如何面对衰老的主观体验，还有我参与的一项共同研究的成果汇总，是我与在九州地区率先开展养老照护服务的女性朋友们进行的共同研究。自 2005 年起，该项目的成果在季刊 *at*（太田出版）的“护理社会学”专题栏目中进行了为期三年多的连载。

介护保险给日本社会带来巨大的变化。自 2000 年开始实施以来，无论是提供照护的一方，还是接受照护的一方，八年间已经积累了大量的信息与经验。在这期间，培育出新的研究课题，一批研究人员成长起来。岩波丛书《护理 思想与实践》全六卷（岩波书店，2008 年）就是在近七十位研究者、实践家、企业家以及当事人的共同合作下问世的，我也有幸作为编者参与其中，希望该丛书能得到读者们的关注。

在本丛书初版问世的同时，我与中西正司先生共著的《当事者主权》一书也与读者见面。中西先生是一位后天脊柱损伤的残障人士，是残障者自立生活运动的精神领袖。有机会接触到残障者运动，极大地拓宽了我的视野。这些经历让我再次意识到，无论任何情况，我都要始终保持着从当事人的视线出发的立场。

无论是制度，还是权利，都不会无声无息地主动来到我们身边（需要斗争才能得到）。当我们终于得到它时，发现得到的总是比我们预期的要少。不仅如此，如果默不作声，就连那些本应属于我们的东西，都可能会从根本上被瓦解。想要的东西总是需要通过斗争才能获得。考虑到这一点，我再一次与中西先生合作出版了《建立以需求为中心的福利社会——当事者主权的新福利战略》（医学书院，2008 年）。我非常自负地认为此书将为改革提供设计、愿景与行动方案。

我清楚地知道，从介护保险实施，时至今日，此书——《为老年做好准备》是自己一路走来的一个重要的里程碑。读完此书，也许你就可以理解《一个人的老后》诞生的过程。一本畅销书绝不会凭空出现。

此次，朝日文库决定将本书再版发行。自介护保险实施以来，照护服务业发生了巨大的变化。借本书再次刊行，我更新了一些过时的信息。负责本次编辑的是矢坂美纪子，我们曾多次合作，出版了《午夜电话》（朝日新闻社，1990 年 / 朝日文库，1993 年）、《天空之上——德国日记》（朝日新闻社，1992 年 / 朝日文库，1996 年，绝版）、《上野千鹤子的文学社会学》（朝日新闻社，2000 年 / 朝日文库，2003 年）、《国境・无所顾忌》（朝日新闻社，2003 年 / 朝日文库，2007 年）。矢坂女士对老年与照护问题也有着非同寻常的关注。

我请森清先生为本书撰写解说部分，长期以来他一直关注着我的进展，解说部分展现出他对本书的透彻理解。我与森先生相识在十多年前的一次杂志对谈中，之后，我一直非常敬慕他真诚的为人和毫不造作的人品。森先生是研究劳动与经济的专家，后来供职于一家美容专门学校，专门从事女性劳动的研究。起初他与我研究的领域并不相同，但是近来也开始对于自身的衰老发表看法与见解。我的工作进展能够得到森先生如此的关注，真是喜出望外。

“顺其自然”是一个有趣的说法。看似偶然的脚步，顺其自然走下去，或许会走出一条必然的道路；本没有交集的思想，顺其自然，有时会逐渐接近，有时会再次相遇。

期待本书以新的面貌结识新的读者。

2008 年 10 月

上野千鹤子

卷末语

为了优雅的老后生活

森清

本书是四十岁以上介护保险的被保险人的必读书。要为老年做好准备，必须从公与私两个方面来着手。与其他类似书籍不同，本书从公和私两个角度深入严肃地探讨相关问题，并提出了相应的解决对策。再版时添加了初版之后介护保险相关的新变化新数据，此次再版发行仿佛是上野为自己六十岁生日送上的一份礼物。年逾七十五岁的我受邀为本书撰文，如此绝妙的安排，我欣然应允。

在执笔此文之际，看到出版社寄来的本书校样（三校）上的那些记录，生动地反映出作者、编辑与校对人员的努力，着实令人感动。此次再版绝不是简单地将单行本以文库本的形式再次发行，因此，即使是读过初版的读者也可以再次将本书放在手边重新阅读。

作为劳动问题的研究者，我与上野女士有着一定的联系。上野以“主妇劳动”研究作为起点，而我则是从“町工厂劳动”研究起步的。我们的研究对象都是受制于现代工业社会的扭曲的、付出与回报极不相称的劳动力。

20 世纪 80 年代末至 90 年代，上野女士的性研究为她赢得了众多读者。同时，她还在岩波书店出版了《家父长制与资本制》（1990 年）与《近代家庭的成立与终结》（1994 年），展示出她作为学者的实力。1989 年，岩波新书出版了我的《高科技社会与劳动》，我结束了在街道工厂车间的工作生活，不久后入职一所短期大学，成为一名教师。那时我即将迎来我的六十岁。

在上野女士的《近代家庭的成立与终结》一书中有一篇文章题为《作为生活经验的老年》，此文写于 1986 年，是在《女性游戏》（学阳书房，1988 年）与《裙摆下的剧场》（河出书房新社，1989 年 / 河出文库，1992 年）付梓之前的作品。文章原来的题目叫作《老人问题与老后问题的落差》。此文就是我所认识的上野对“老后问题”进行研究的起点，同时，也是促使六十一岁的我开始思考自己晚年生活的一个契机。时年三十八岁的上野女士在这篇文章中指出，人们希望的长寿应该是“有作为人的尊严的长寿”。有学者提出应将“老人问题”与“老后问题”加以区分，应该就“老后问题”进行专门的研究。上野支持这样的主张，她表示“现代工业社会的价值观中，‘老后’只被赋予负面的身份。研究‘老后问题’就是要对这样的现代工业社会的价值观进行重新审视”。

在《近代家庭的成立与终结》之前，我曾在《午夜电话》（朝日新闻社，1990 年 / 朝日文库，1993 年）中读到一篇《老与死》的文章，在《上野千鹤子的文学社会学》（朝日新闻社，2000 年 / 朝日文库，2003 年）中还有一篇题为《老人照护文学的诞生》的文章。从这些著述中，我们已经可以看到上野对于照护问题的关切，看到她已经步入了研究的新天地。《老人照护文学的诞生》一文最早刊载于杂志《小说TRIPPER》1998 年的春季号上，在结集成书时增加了以下的内容，“在‘照护社会化’这个响亮的口号下，2000 年 4 月，介护保险法终于开始实施”。

之后，在《现代思想》2002 年 6 月号的“照护的社会化”专题中，上野女士与同为社会学者的春日喜须代与市野川容孝进行鼎谈。2003 年，与残障者自立生活运动的倡导者中西正司一起，在《当事者主权》一书中提出了重要主张。正因为我看到了如此努力的上野千鹤子，所以看到她的新书《为老年做好准备》出版，备感欣喜。虽然上野女士在这本书的后记中写道，近来她总是用“福利行业的一名新兵”来介绍自己，包括她在参加电视节目时也是这样说的，但长期以来上野的努力与钻研是一以贯之的。

本书共分五章，围绕“老后问题”分析了照护的现状和问题点。书中呼吁改革制度以适应未来时代的照护需求，同时呼吁改变人们对照护的认识。第四章“市民养老项目的可能性”特别值得关注。1998 年至 2001 年间，上野与九州地区的生活俱乐部系统下的生协“绿色合作联盟”福祉工人合作社开展共同研究，撰写研究报告。该项研究从项目负责人的问题意识出发，旨在建立一套可执行的标准，以使市民事业体发展成为社区中有竞争力的、有生命力的机构。

通过与福祉工人合作社一线人员进行的周密调查与分析，上野将市民事业体持续发展的条件归纳为以下三个方面：一是作为事业体得以生存的方法；二是组织者如何平衡好工作与生活的关系；三是实现上述目的所需的环境与条件。针对以上三点，上野给出的解决方案是，首先要有经营成本的意识，其次是确保工人获得稳定的收入，建立健全保险、保障制度，为劳动者稳定工作提供保障，再次是完善环境条件以保证工作可以持续展开。

福利本来应该是（由政府提供的）充分的公共服务，但是，在现实中的日本难以实现。于是，市民在各自的思考下建立起事业体，共同出资，共同劳动。这就是上野所说的“市民事业体”，“工人合作社”就是其中的代表。上野指出，能否给现在二三十岁的人们创造出一个可以让他们带有职业自豪感，并且可以安心服务的工作场所，将关系到这样的市民事业体未来的发展。我特别期待在照护服务领域实现这件事。调研显示，“绿色合作联盟”系列的福祉工人合作社在成立时为了满足成立条件颇费周章，现在从相关网站上可以了解到这一事业体正在进一步地发展。上野还提到，为了让这样的市民事业体能够在全国活跃发展，有必要为其创业活动提供强有力的扶持措施。这是非常重要的。

本书的第一版付梓之时，我刚刚结束为期一年的“访问照护员养成研修”（二级）的实习，获得结业证书。前一年的三月，71 岁的我从短期大学退休，从秋天开始我参加了一直期待的培训课程，同时继续从事中小企业研究。按照介护保险法的规定，完成这项培训课程需要在相关的设施机构与照护服务使用者家中进行短期实习。考虑到自己的老年生活，我参加了此次研修，期待通过研修能获得关于老年生活的最低限度的知识和体验。在此之前，虽然我也曾接触过照护行业，但是我很担心，如果不亲自走进这个世界，了解实际的情况，那么一切的想法就只是空想，一切的文字也只是空谈。我认为，将来能够成为一个怎样的被照护者，取决于现在我亲自了解到的照护者所具有的知识和意识。通过学习，我发现照护劳动不仅需要具备肉体上的能力，还要求具有知识及情感方面的能力，这是一项非常需要优质的“工匠精神”的工作。在结束了研修学习后，我开始探索如何在照护领域中做出自己的贡献。

就在摸索前行的过程中，那年年底我因前列腺癌住院接受手术治疗。手术前一天，在与麻醉师的讨论中，麻醉师指出鉴于我有肥厚型心肌病，手术并不是最佳选择。在咨询了泌尿科医生后，我决定采取荷尔蒙疗法出院。之后，或许是由于治疗的副作用，我身体状况一直欠佳，因此也未能实际参与照护工作。尽管如此，我认为这一次的学习体验于我来说非常值得。

要实现“照护的社会化”，作为一个基础条件，我希望最好所有人都至少要参加一次前面提到的“访问照护员养成研修（二级）”的研修课程。虽然提高照护人员的工作报酬是当务之急，与此同时，提高被照护者及其家人对照护的认识水平也是提升照护人员工作价值的重要一环。我认为这是非常重要的，相信本书的出版将会对此有所帮助。

2003 年 4 月，上野千鹤子与历史社会学家小熊英二和哲学家鹤见俊辅曾经有过一次会谈，《战争的遗产——战后一代人向鹤见俊辅的提问》（新曜社，2004 年）一书记录了此次谈话的内容。这次会谈历时三天，在第二天晚餐的餐桌上，小熊先生问上野女士：“您没怎么动筷子啊。”上野女士答道：“我因为照护老人搞坏了身体，之后就吃得很少了。”大约一年半的时间里，上野往返于东京和金泽两地进行照护，她说那时自己的状态“就像一块破破烂烂的旧抹布”。上野女士所说的应该是她在母亲去世后，照顾独居的老父亲的那个时期。我想，正是因为在照护方面有过亲身经历与体验，上野女士关于照护问题的观点与见解才会如此尖锐、如此严肃。

顺便提一下，在那本书中刊登有一张穿着和服的上野女士的照片。望着那张照片，我仿佛看到已经去世的社会学者鹤见和子女士与上野女士并肩站在一起的情景。人称“女书生”的鹤见和子女士比上野女士年长整整三十岁，据说她曾经亲切地用“小太妹”来揶揄上野。

上野女士十分尊敬这位和子女士，很遗憾没能看到二人的对谈录。我期待着上野展开真正意义上的“鹤见和子论”研究，同时我也要向优雅老去的鹤见和子女士学习，希望自己能度过美好的晚年。

森清

山野美容艺术短期大学名誉教授　劳动研究者